데일 카네기

성공대화론

데일 카네기
성공대화론

데일 카네기 지음 | 이은정 옮김

미래지식

차례

2부 연설, 연사 그리고 청중

3부 준비된 연설과 즉석 연설

4부 의사전달의 기술

5부 효과적인 말하기에 도전하기

말은 나를 표현하는 첫걸음이다

데일 카네기는 1912년에 처음으로 뉴욕 시 125번가에 위치한 YMCA에서 대중 연설 강좌를 시작했다. 그전까지만 해도 대중 연설은 기술이라기보다 예술로 간주되었고 가르치는 목적도 웅변가라든지 언변이 화려한 강단의 거물을 길러내는 데 초점이 맞춰져 있었다. 자신이 처한 상황에서 그저 쉽고 당당하게 의견을 말하고자 하는 평범한 비즈니스맨이나 직장인들은 연설의 기법이라든지 발성, 수사학의 원칙, 공식화된 제스처를 배우기 위해 돈과 시간을 투자하려 하지 않았다. 하지만 데일 카네기의 말하기 강좌는 개설되자마자 큰 성공을 거두었다. 사람들이 원하는 결과를 얻게 해주었기 때문이다. 그는 대중 연설이 특별한 재능과 적성이 필요한 예술이 아니라, 평범한 지능과 의지만 있으면 얼마든지 배우고 발전시킬 수 있는 기술이라는 식으로 접근했다.

오늘날 데일 카네기 강좌는 지구촌에 널리 퍼져 있으며 그가 가진 신념의 효과는 세계 곳곳에 있는 수많은 그의 졸업생들이 증명해준다. 그들은 다양한 삶의 현장에서 말하기 실력은 물론이고 개인적인 영향력을 증진시키는 데 성공을 거두고 있다.

데일 카네기가 강좌를 위해 쓴 교과서 《사업을 하면서 사람들에게 영향을 미치는 법과 기술Public Speaking and Influencing Men in Business》은 50쇄 이상 인쇄되었고 11개 언어로 번역되었으며 저자 자신의 지식과 경험이 늘어나면서 여러 차례 개정판을 냈다. 이 책의 네 번째 개정판은 남편의 노트와 아이디어를 근거로 고쳐 썼다. 제목은 남편이 죽기 전에 손수 골라놓은 것이다. 나는 남편의 기본적인 철학을 잊지 않으려고 애썼다.

우리 생활의 모든 행위는 일종의 커뮤니케이션이지만 남과 구별되는 나만의 특성을 주장하는 것은 말을 통해서이다. 모든 동물 중에서 오직 인간만이 말로 의사전달하는 능력을 갖추고 있으며 말하기 능력을 통해 자신만의 개성, 자신만의 진수(眞髓)를 가장 잘 표현할 수 있다. 긴장하거나 불명료하거나 사고 과정이 투명하지 못해서 자신의 의견을 제대로 표현하지 못하면 개성을 보여주지 못하며 제대로 이해받기 힘들다. 비즈니스와 사교, 게다가 자신에 대한 만족감은 주변 사람들에게 내가 누구며, 무엇을 원하고 무엇을 믿는지 명확하게 전달하는 능력에 좌우된다. 이 책은 더 쉽고 자신 있게 현실적인 목적을 달성하고자 하는 사람들뿐만 아니라 자신을 완벽하게 표현하여, 개인적인 성취감을 얻으려는 사람들에게 여러 가지로 도움이 될 것이다.

- 도로시 카네기

1부

효과적인 말하기의 기본

Dale Carnegie

Chapter 1

기본적인 기술의 습득

1912년 타이타닉호가 북대서양의 얼음장 같은 물속으로 가라앉던 그해에 나는 처음으로 화술에 관한 강좌를 개설했다. 그 후 75만 명이 넘는 사람들이 내 강좌를 수료했다.

강좌가 시작되기 전 시범 강의 때 수강생들은 이 강좌에 등록하려는 이유와 이 과정을 통해 얻고 싶은 것은 무엇인지 발표할 기회를 갖는다. 당연히 다양한 사연들이 소개된다. 하지만 많고 많은 사연 가운데 기본적인 욕구, 중요한 소망은 놀라울 정도로 비슷하다.

"일어서서 연설을 해야 했는데 어찌나 남의 시선이 의식되고, 긴장했던지 아무 생각도 나지 않고, 집중도 안 되고, 애초에 하려던 말이 전혀 기억나지 않았어요. 자신감과 평정심, 일어선 채로도 생각할 수 있는 능력을 갖고 싶어요. 논리정연하게 생각하고 비즈니스나 사교 모임에서 명료하고 설득력 있게 의사 표현을 하고 싶어요."

어디에선가 듣던 말 같지 않은가? 자신이 무능하게 여겨지는 이런 감정을 당신도 느껴본 적이 없는가? 사람들 앞에서 당당한 모습으로 설득력 있게 말하기 위해 약간의 비용을 쓸 마음이 있는가? 나는 당신이 그럴 거라고 믿는다. 무엇보다도 이 책을 읽기 시작했다는 사실이 당신이 효과적인 말하기를 배우는 데 관심이 있다는 반증이다.

나는 당신이 무슨 말을 할지, 만약 나에게 말을 할 수 있다면 뭐라고 할지 알고 있다.

"그런데 카네기 선생, 정말 내가 사람들 앞에 자신 있게 일어나서 논리적이고 유창하게 말할 수 있게 될 거로 생각하십니까?"

나는 사람들이 두려움을 벗어던지고 용기와 자신감을 기르도록 돕는 데 거의 평생을 바쳐왔다. 내 수업에서 일어난 기적 같은 이야기는 몇 권의 책에 담아도 부족할 것이다. 그러므로 내 생각에는 추호의 의심도 없다. 나는 당신이 이 책에서 제안하는 대로 연습한다면 반드시 그렇게 될 수 있다고 확신한다.

당신이 앉아있을 때와 마찬가지로 일어섰을 때도 똑같이 생각하지 못할 이유가 뭐가 있는가? 청중에게 연설을 하려고 일어섰을 때 긴장하기 시작하며 '울렁증의 희생양'이 되어야 할 이유가 조금이라도 있는가? 당신은 틀림없이 이런 증상이 치료될 수 있음을 알게 될 것이다. 나아가 훈련과 연습이 청중 공포증을 없애고 자신감을 심어줄 것이다.

이 책은 당신이 그런 목표를 달성하게 도와줄 것이다. 이 책은 평범한 교과서가 아니다. 연설의 기술과 법칙을 열거한 책도 아니다. 발성이라든가 발음의 생리적인 면을 다루지도 않는다. 평생을 바쳐 성인들에게 훈련시킨 효과적인 말하기 방법의 정수만을 뽑아놓은 책이다. 지금 그대로의 당신 모습에서 출발하여 나중에는 당신이 원하는 모습으로 발전해나갈 거라는 전제에서 출발한다. 당신이 해야 할 일은 이 책에 실린 제안에 협조하고 따르며, 실제 상황에 적용하고 인내심을 갖고 꾸준히 노력하는 것이다.

이 책에서 최대한 많은 것을 얻으려면, 그것도 쉽고 빠르게 얻으려면 다음 네 가지 지침을 따르는 편이 도움이 될 것이다.

첫째, 타인의 경험에서 용기를 얻어라

태어나면서부터 웅변가인 사람은 없다. 대중 연설이 수사학의 법칙이라든지 자세한 전달 요령까지 철저하게 지켜야 하는 예술이었던 과거에는 웅변가가 되는 것이 더욱 어려웠다. 하지만 요즘은 대중 연설을 대화의 연장으로 생각한다. 과장된 스타일과 우렁찬 목소리 따위의 케케묵은 방식은 영원히 사라졌다. 만찬 석상이나 예배 시간, 또는 텔레비전이나 라디오에서 우리가 듣고 싶어 하는 이야기는 상식적인 내용을 담고 있고, 일방적이 아닌 차근차근 대화를 나누는 듯한 연사가 들려주는 솔직담백한 이야기이다.

많은 교과서가 주는 믿음과 달리 대중 연설은 음성을 완벽하게 가다듬고, 수수께끼 같은 수사학과 씨름하며 몇 년을 훈련한 후에야 익힐 수 있는 배타적인 예술이 아니다. 나는 화술 강사로서 살아온 대부분의 세월 동안 대중 연설은 몇 가지 간단하고 중요한 원칙을 따르면 누구나 쉽게 배울 수 있다고 가르쳐왔다.

1912년으로 거슬러 올라가 뉴욕 시 125번가 YMCA에서 처음 강좌를 열었을 때 나는 수강생보다 조금 더 아는 처지였다. 첫 수업 때에는 미주리 주 웨렌즈버그에서 대학 때 배웠던 것을 그대로 가르쳤다. 하지만 이내 내가 잘못된 길을 가고 있음을 깨달았다. 직장인인 성인들을 대학 1학년생에게 하듯 가르쳤던 것이다. 나는 웹스터(미국의 정치가-역자주), 라지 버크(아일랜드 더블린 출신의 영국의 정치인이자 정치철학자, 연설가-역자주), 피트, 오코널 같은 웅변가들을 모범으로 내세우는 것이 소용없음을 깨달았다. 내 강좌의 수강생들이 원하는 것은, 다음 업무 미팅 때 두 다리로 일어서서 명확하고 조리 있게 보고할 수 있을 만한 용기를 기르는 것이었다. 나는 오래가지 않아 교과서를 창밖으로 집어던지고 곧장 연단으로 올라갔다. 그리고 몇 가지 간단한 방법을 제시하고, 자신 있게 말하기를 할 수 있을 때까지 수강생들을 훈련시켰다. 그 방법은 효과가 있었다. 수강생들이 더 많은 것을 기대하며 계속 수업에 나와 주었던 것이다.

우리 집과 내 사무실에 보관된 세계 각계에서 활동하는 우리 수강생들이 보내온 증거 편지를 보여줄 기회가 있으면 정말 좋겠다. 그중에는 〈뉴욕 타임스〉나 〈월 스트리트 저널〉의 경제면에 자주 오르내리는 내로라하는 기업 대표, 주지사, 국회의원, 대학 학장, 연예계의 유명 인사들도 있다. 그밖에 가정주부, 목사, 교사, 자신들이 속한 커뮤니티에서 아직은 이름이 알려지지 않은 젊은 인재들, 경영자, 경영수업을 받는 사람들, 숙련 혹은 비숙련 노동자, 노동조합원, 대학생, 여성 사무원을 더하면 수천 명에 이른다. 그들은 하나같이 대중에게 호응을 받도록 자신을 표현하는 능력과 자신감을 갖고자 했다. 그리고 결국 그 두 가지를 모두 얻게 되어 고마워했으며 일부러 시간을 내어 내게 감사의 편지를 썼다.

지금 막 내가 가르친 수천 명의 수강생 중 한 사례가 기억났다. 그 당시 나에게 준 극적인 영향 때문이다. 몇 년 전 일이다. 필라델피아의 성공적인 사업가였던 겐트 씨는 내 강좌에 등록한 직후 나를 점심 식사에 초대했다. 그는 테이블에 몸을 기대며 말을 꺼냈다.

"카네기 선생, 저는 지금껏 여러 모임에서 연설할 기회가 있었지만 그때마다 요리조리 핑계를 대며 피해왔습니다. 그런 일이 아주 많았죠. 그런데 이번에 대학 이사회 의장이 되었습니다. 회의 때 의장직을 맡지 않을 수 없게 된 거죠. 그래서 드리는 말씀인데, 저처럼 늦은 나이에도 말하는 기술을 배울 수 있다고 생각하십니까?"

나는 우리 강좌 수강생들 중에서 비슷한 입장에 처한 사람들의 경험을 예로 들려주며 그가 반드시 성공할 거라는 데 한 치도 의심이 없다고 안심시켜 주었다.

3년 쯤 후에 우리는 제조업자 클럽에서 다시 만나 점심 식사를 했다. 우리가 처음 만났던 그 식당의 똑같은 테이블이었다. 나는 그에게 과거 대화를 상기시키며 나의 예측이 옳았는지, 어땠는지 물어보았다. 그는 미소 지으며 주머니에서 붉은색 표지의 작은 수첩을 꺼내어 보여주었다. 거기에는 앞으로 몇 달간의 연설 스케줄이 적혀 있었다. 그가 말했다.

"제가 이렇게 연설을 할 줄 알고, 그 연설을 하면서 즐거움을 느끼고, 이 지역사회에서 봉사할 일이 있다는 것이 제 평생 가장 큰 행복입니다."

하지만 그게 전부가 아니었다. 당연히 자부심을 느끼면서 겐트 씨는 비장의 카드를 꺼냈다. 그가 다니는 교회가 필라델피아에서 집회를 여는데 영국 총리에게 연설을 해달라고 초청을 했다. 그런데 필라델피아

시민들이 좀처럼 미국을 여행하지 않는 그 저명한 정치가를 소개할 연사로 선택한 사람이 다름 아닌 겐트 씨였다.

불과 3년 전까지만 해도 같은 테이블에 앉아 자기가 대중 앞에서 당당하게 말을 할 수 있겠느냐고 미심쩍게 묻던 바로 그 사람이었다.

여기 또 다른 예가 있다. 지금은 고인이 된 굿리치 사의 회장인 데이빗 굿리치 씨가 어느 날 내 사무실에 찾아왔다. 그가 말했다.

"제 평생 단 한 번도 두려움에 긴장하지 않고 연설을 해본 적이 없습니다. 저는 이사회 회장으로서 회의를 주재해야 합니다. 몇 년 동안 알아온 임원들이라 회의 탁자에 둘러앉았을 때는 전혀 어려움이 없습니다. 그런데 말을 하려고 자리에서 일어나는 순간 긴장하게 됩니다. 겨우 입을 뗍니다. 몇 년째 이런 식입니다. 선생이 저를 위해 아무것도 할 수 없을 겁니다. 제 문제는 매우 심각하니까요. 제 증상은 아주 만성이 되었습니다."

"제가 아무 도움도 드릴 수 없을 거라고 생각하시면서 왜 찾아오셨지요?"

내가 물었다.

"한 가지 이유 때문입니다."

그가 대답했다.

"실은 제 개인적인 회계 문제를 맡아서 처리해주는 회계사가 있습니다. 수줍음이 많은 친군데, 자신의 작은 사무실로 들어가려면 제 사무실을 통과해서 걸어가야 합니다. 그렇게 몇 년째 말 한마디 없이 바닥만 응시하며, 조용히 내 사무실을 통과하던 친구인데, 최근에 그 친구가 바뀌었습니다. 턱을 쳐들고 눈을 반짝거리며 내 사무실을 걸어 들어옵니다. 그러고는 당당하고 활기차게 '안녕하세요, 굿리치 씨.'라며 인사를 하고 지나갑니다. 저는 그런 변화에 내심 놀랐죠. 그래서 물어 봤습니다. '자네 어떻게 된 건가?' 그 친구는 당신에게 강습을 받고 있다고 말하더군요. 오로지 그 소심한 친구한테서 목격한 변화 때문에 제가 당신을 찾아오게 된 겁니다."

나는 굿리치 씨에게 내 강좌를 꼬박꼬박 수강하고 내가 시키는 대로 하면 몇 주일 내에 청중 앞에서 말하는 즐거움을 느끼게 될 거라고 했다.

"만약 그렇게만 된다면 저는 이 나라에서 가장 행복한 사람이 될 겁니다."

그가 대답했다. 그는 강좌에 등록했고 놀랄 만큼 발전했다. 그리고 3개월 후 나는 그에게 아스토어 호텔 무도회장에서 열리는 3,000명이 모이는 집회에 나와 그가 훈련을 통해 어떻게 변화되었는지 증명해달라고 부탁했다. 하지만 그는 선약이 있어서 갈 수 없다며 아쉬워했다. 다음 날 그에게서 전화가 왔다.

"사과하고 싶군요. 그 약속은 취소했습니다. 부탁하신대로 당신을 위해 강연을 하겠습니다. 모두 당신 덕분입니다. 청중 앞에서 이 훈련이 나에게 어떤 변화를 일으켰는지 증언하겠습니다. 제 이야기를 듣고 그들의 삶을 파괴하는 두려움을 벗어던질 수 있게 용기를 주고 싶습니다."

나는 그에게 2분간만 이야기를 해달라고 부탁했다. 하지만 그는 3,000명 앞에서 무려 11분이나 이야기를 했다. 나는 수강생들에게 이런 기적이 일어나는 일을 수없이 목격했다. 이 훈련을 통해 많은 사람이 꿈 저편에 있던 승진을 하게 된다든지, 자신이 몸담고 있는 업계나 직장 또는 지역 사회에서 우월한 위치를 차지하게 된다. 그야말로 인생이 바뀌는 것이다. 때로는 적절한 순간에 단 한 번의 연설로 그렇게 되기도 한다. 마리오 라조 씨가 그런 경우다.

몇 년 전 나는 쿠바에서 온 전보를 받고 깜짝 놀랐다. 거기에는 이렇게 적혀 있었다.

'제게 답신을 보내지 않더라도 스피치 훈련을 받으러 뉴욕에 갈 예정임.'

그러고는 '마리오 라조'라는 이름이 적혀 있었다.

'누구지?'

나는 궁금했다! 한 번도 들어본 적이 없는 이름이었다.

얼마 후 뉴욕에 도착한 라조 씨가 이렇게 말했다.

"하바나 컨트리클럽에서 클럽 설립자의 50번째 생일 축하연이 열릴 예정입니다. 저는 그 자리에 참석해서 설립자에게 은잔을 증정하고 중요한 연설까지 해달라는 초청을 받았습니다. 제 직업이 변호사이기는 하지만 대중 앞에서는 한 번도 연설을 해본 적이 없습니다. 그날 연설할 생각만 해도 등줄기가 오싹합니다. 만약 실수라도 하면 아내도, 저도 사교계에서 깊은 오점을 남기게 될 것입니다. 게다가 고객에 대한 제 위신도 깎일 테고요. 그래서 당신에게 도움을 청하려고 쿠바에서 곧장 이리로 달려온 겁니다. 제가 이곳에 머물 수 있는 시간은 3주뿐입니다."

그 3주 동안 나는 마리오 라조 씨를 이 강좌, 저 강좌로 데리고 다니며 하루 저녁에도 서너 차례 연설 연습을 시켰다. 그리고 3주 후 그는 하바나 컨트리클럽에서 열린 특이한 모임에서 연설을 했다. 그의 연설이 어찌나 훌륭했는지 잡지의 해외 뉴스 코너에 실리기까지 했다. 기자는 마리오 라자를 '언변이 뛰어난 웅변가'로 묘사했다.

기적처럼 들리지 않는가? 그것은 기적이다. 두려움을 극복한 20세기의 기적이다.

둘째, 먼저 목표를 세워라

겐트 씨는 대중 연설 기술을 배워서 기뻤다고 하면서 그의 성공에 절대적인 영향을 끼쳤고 나 역시 다른 무엇보다 중요하다고 믿는 요인에 대해 언급했다. 그가 내가 제시한 방향대로 따르고 과제를 충실히 이행한 것은 사실이다. 하지만 그에게 하려는 의지가 없었으면 불가능했을 것이다. 게다가 그는 성공적인 연사가 된 미래의 자기 모습을 투시했고, 끊임없이 미래의 모습을 그리면서 투시가 현실이 되게끔 노력했다. 당신이 배워야 하는 점도 바로 이것이다.

효과적으로 말할 줄 아는 능력과 자신감이 당신에게 어떤 의미인지 생각해보라. 그런 점이 사회적으로 어떤 의미를 갖는지 생각해보라. 많은 친구들과 시민단체, 친교단체 또는 종교단체에서 봉사하는 범위가 넓어질 것이며, 직장 생활에서 발휘하는 영향력이 커질 것이다. 즉, 리더십을 갖게 되는 것이다.

금전 등록기 회사 내셔널사의 회장이자 유네스코 의장인 앨린은 〈저널 오브 스피치〉지에 기고한 '비즈니스에서 스피치와 리더십'이라는 기사에서 이렇게 말했다.

'우리의 비즈니스 역사를 보면 연설을 잘해서 주목을 받았던 예가 적지 않다. 아주 오래전 캔자스 주의 작은 지점 책임자였던 한 젊은이는 연설 능력이 뛰어났는데, 오늘날 영업 담당 부회장이 되었다.'

나는 그 부회장이 현재 그 금전 등록기 회사의 회장이라는 사실을 알게 되었다.

당당하게 일어나서 조리 있게 말할 줄 아는 능력이 당신을 어느 위치까지 데려갈지 예측할 수 없다. 우리의 강좌를 수료한 미국의 서보 코퍼레이션 회장 헨리 블랙스톤은 이렇게 말한다.

"타인에게 효과적으로 의사전달을 하고 그들의 협조를 이끌어내는 능력은 최고의 자리에 오른 사람들에게서 발견할 수 있는 공통점이다."

두 발로 서서 당당하게 자신의 생각과 느낌을 청중과 나눌 때 얻게 되는 만족과 기쁨을 상상해보라. 나는 세상 곳곳을 여러 번 여행했지만 말로 청중을 사로잡을 때보다 더 짜릿한 즐거움은 느끼지 못했다. 당신도 말의 위력, 그 강력한 느낌을 맛볼 수 있다. 한 수료생은 이렇게 말했다.

"연설을 앞두고 2분쯤 전에는 차라리 채찍을 맞는 게 낫겠다는 생각이 든다. 하지만 끝나기 2분 전에는 연설을 끝내느니 차라리 총에 맞는 게 낫겠다는 생각이 든다."

자, 청중 앞에서 연설을 하기 위해 자신의 이름이 호명되는 모습을 그려보라. 청중 앞으로 걸어 나오는 자신을 보라. 이야기를 시작하려고 하자 강당 안에서 '쉿' 하는 소리가 들려오고 당신이 요점을 하나하나 짚어서 말할 때 몰입하는 청중을 느낀다. 드디어 뜨거운 박수 속에 연단에서 내려오고, 강연을 끝내고 마주친 청중으로부터 감사의 인사말을 듣는다. 나를 믿어라. 거기에는 마력이 있고 절대 잊지 못할 희열이 있다.

하버드 대학의 유명한 심리학 교수인 윌리엄 제임스는 우리 인생에 중대한 영향을 끼칠만한 다음 글을 썼다. '용기'라는 알리바바의 보물이 든 동굴의 문을 열어 줄 '열려라 참깨' 같은 주문이 되어 주는 글이다.

'무엇이 되었든 그것에 대한 열정이 당신을 구원해준다. 어떤 결과를 얻기 위해 충분히 관심을 쏟으면 거의 틀림없이 결과에 도달한다. 예컨대 훌륭해지기를 원하면 훌륭해질 것이다. 부자가 되고 싶으면 부자가 될 것이다. 유식한 사람이 되고 싶으면 유식해질 것이다. 이때 당신은 그것을 진심으로 원해야 하고 오로지 그것만 원해야 하며 그보다 덜 간절한 것은 원하지 말아야 한다.'

많은 사람 앞에서 효과적으로 말하는 법을 배우면 단지 대중 연설 능력만이 아니라, 다른 이익도 얻는다. 실제로 사는 동안 청중 앞에서 연설할 기회가 전혀 없다고 해도, 이런 훈련을 통해 얻는 혜택은 많다. 무엇보다 대중 연설 훈련은 자신감을 얻는 지름길이다. 자리에서 일어나서 많은 사람들을 상대로 논리 있게 말할 수 있으면 일대일로 이야기할 때는 당연히 자신감에 차서 당당하게 말할 수 있다. 효과적인 말하기 강좌에 등록하는 사람들은 대체로 수줍음이 많고, 자의식이 강한 성격을 바꾸고 싶다는 것이 동기가 된 경우가 많다. 그들은 스스로 당황하지 않고 일어나서 사람들 앞에서 이야기할 수 있다는 사실을 알게 되면 자신을 의식하는 것이 얼마나 어리석은 일인지 깨닫게 된다. 그래서 새롭게 마음의 안정을 찾으며 가족과 친구, 회사 동료, 고객들, 의뢰인들을 놀라게 한다. 우리 졸업생 중에도 굿리치 씨처럼 주변 사람의 완전히 달라진 모습을 보고 강좌에 등록하는 경우가 많다.

이 훈련은 즉시 효과가 나타나지는 않아도 성격에 영향을 준다. 얼마 전에 나는 아틀랜틱 시의 외과 의사이자 전 미국 의료인 연합회 회장이었던 데이빗 앨먼 박사에게 대중 연설 훈련이 정신적, 육체적 건강에 어떤 도움을 주는지 물어보았다. 그는 빙그레 웃으면서 그 질문에 대해 이런 처방전을 써주면 최선의 대답이 될 거라고 했다.

'약국에서 구할 수 없는 약임. 스스로 조제해야만 함. 못한다고 생각하면 잘못임.'

그 처방전은 지금도 내 책상 위에 있다. 나는 그걸 읽을 때마다 감명을 받는다. 앨먼 박사가 써준 처방전은 이것이다.

'최선을 다해 자신의 머릿속과 가슴 속을 남에게 보여주는 능력을 길러라. 당신의 생각과 아이디어를 여러 사람 앞에서, 또는 개인적으로 정확하게 드러내는 방법을 배워라. 그런 능력을 향상시키려고 노력하다보면 당신-당신의 참된 자아-이 전에는 결코 하지 못했던 감동과 영향을 다른 사람에게 주고 있음을 깨닫게 될 것이다.'

당신은 이 처방전으로 이중의 혜택을 볼 것이다. 사람들 앞에서 말하는 능력을 기를수록 자신감은 커지고, 성격은 더욱 온화하고 유쾌해진다. 이 말은 정서적으로 안정됨을 의미하며, 정서적으로 안정되면 육체적으로도 건강해진다. 현대 사회에서 '남 앞에서 말을 잘하는' 능력은 남녀노소 할 것 없이 누구에게나 필요하다. 사업이나 직장 생활을 할 때 말을 잘하면 어떤 이익이 있는지 구체적으로 잘 모르나 대단히 유용하다는 말은 들었다. 하지만 건강에 유익하다는 점은 다른 누구보다 내가 잘 안다. 상대가 몇 명 안 되든 많든, 기회만 있다면 말을 하라. 내가 아는 한 당신은 점점 능숙해진다. 나 역시 그랬다. 그러면 덤으로 일찍이 느끼지 못했던 충만한 자신감과 완전한 인간이 된 듯한 기분도 느끼게 된다.

그런 멋진 기분은 어떤 약으로도 얻을 수 없는 효과다.

내가 말하고 싶은 둘째 지침은 현재 두려워하는 일을 성공적으로 해내는 자신의 모습을 그려보고, 사람들 앞에서 설득력 있게 말하는 능력을 길렀을 때 얻을 수 있는 이득에 집중하라는 것이다. 윌리엄 제임스의 말을 명심하라.

"어떤 결과를 얻기 위해 충분히 관심을 쏟으면 거의 틀림없이 결과에 도달하게 된다."

셋째, 성공의 결의를 다져라

한 라디오 프로그램에서 내가 배운 가장 중요한 교훈을 간단히 말해달라는 청을 받았다. 나는 이렇게 대답했다.

"내가 배운 가장 큰 교훈은 '무엇을 생각하느냐'가 가장 중요하다는 것이다. 만약 내가 여러분이 어떤 생각을 하는지 안다면 어떤 사람인지도 알아맞힐 수 있을 것이다. 생각이 그 사람을 만들기 때문이다. 마찬가지로 생각을 바꾸면 인생도 달라질 수 있다."

여러분은 이미 자신감을 갖고 더 효과적으로 커뮤니케이션을 해야겠다는 목표를 세웠다. 그럼 지금부터는 노력을 해서 성공할 수 있는 가망성에 대해 부정적이 아닌, 긍정적으로 생각해야 한다. 대중 연설을 잘하려고 노력할 때 얻어질 결과를 낙관해야 한다. 그런 낙관주의를 기르려면 당신이 하는 말 한 마디, 행동 하나 하나를 결의로 무장해야 한다.

여기 표현력이 풍부한 말하기에 도전하려는 사람들에게 확고한 결의가 얼마나 필요한지 단적으로 보여주는 예가 있다. 내가 소개할 이 남자는 진급의 사다리를 한참 오른 끝에 마침내 대기업의 전설적인 인물이 되었다. 하지만 그도 대학 시절 처음 사람들 앞에 서서 말을 했을 때에는 좌절을 겪었다. 그는 교수가 정해준 5분도 채우지 못했다. 얼굴이 하얗게 질려서 눈물을 머금고 서둘러 연단을 내려왔다.

하지만 그는 그때 맛본 실패 경험 때문에 좌절하지 않았다. 그는 훌륭한 연사가 되기로 결심했고 정부기관에까지 조언을 하는 세계적으로 존경받는 경제 컨설턴트가 될 때까지 그 결심을 늦추지 않았다. 그의 이름은 클라렌스 랜돌이다. 통찰력이 돋보이는 저서 《자유에의 믿음Freedom's Faith》에서 그는 대중 연설에 대해 이렇게 말했다.

'내가 지금까지 제조업자 협회라든지 상공회의소, 로터리클럽, 기금 모금 캠페인, 대학 동문회, 그 밖의 여러 단체의 오찬과 만찬장에 참석해서 행한 연설로 감사의 띠를 받는다면 이쪽 소매부터 저쪽 소매까지 가득 찰 것이다. 제1차 세계대전 때에는 미시간 주 에스카나바에서 애국심 넘치는 연설도 했다. 또 미키 루니와 자선단체를 위해 지방을 순회하며 연설을 했고, 교육을 위해 하버드 대학의 브라이언트 코넌트 총장, 시카고 대학의 로버트 허친슨 총장과 다니며 연설을 했다. 심지어 서툰 프랑스어로 만찬 석상에서 연설을 한 적도 있다. 나는 청중이 어떤 이야기를 듣고 싶어 하는지, 그리고 그 이야기를 어떤 식으로 표현하기를 바라는지 웬만큼 알고 있다. 그리고 그 방법이 무엇이든 사업상 중요한 책임을 질 만한 사람이 의지만 있다면 못 배울 이유가 없다.'

나는 랜돌 씨의 의견에 동의한다. 성공하고자 하는 의지는 대중 연설을 배우는 과정에서 필수적이다. 만약 내가 당신의 마음을 들여다보고 의지의 강도와 생각의 명암을 알 수 있다면, 당신이 의사전달 기술을 증진시키고자 하는 목표에 얼마나 빨리 도달할지 거의 정확히 알아맞힐 수 있다.

중서부에 개설된 우리 강좌의 첫 수업 때 한 남자가 일어서더니 당당하게 말했다. 자신은 집을 지어 파는 건축업자인데 어떻게 해서든지 미국주택건축업자협회의 대변인이 되겠다고 장담했다. 그는 전국을 종횡무진 누비고 다니며 만나는 사람들한테 자신이 몸담은 업계의 문제점이라든지 업적을 홍보하는 일을 하는 게 목표라고 했다. 이 사람, 조 헤이버스틱의 말뜻은 그것이었다. 그는 강사를 흐뭇하게 하는, 그런 유형의 수강생이었다. 열의 넘치고 대단히 진지했다. 그는 그 지역의 이슈뿐만 아니라 국가적인 이슈도 연설의 주제로 삼았고, 자신의 소망을 이루기 위해 무엇 하나 건성으로 하는 법이 없었다. 그는 자신의 연설을 철저히 준비했고 세심하게 실행에 옮겼으며, 건축업자에게는 1년 중 가장 바쁜 시기였는데도 한 번도 수업에 빠지지 않았다. 전형적인 모범생이었다. 그리고 그 자신도 놀랄 정도로 빠르게 발전했다. 그는 두 달 만에 가장 우수한 수강생이 되었고, 반 대표로도 선출되었다.

그 반을 맡았던 강사가 1년 후 버지니아 주 노퍽에 있었는데, 내게 이런 편지를 보내왔다.

'오하이오로 돌아온 후 조 헤이버스틱에 관해서는 까맣게 잊고 있었습니다. 그런데 어느 날 아침을 먹다 무심코 버지니아 파일럿 일간지를 펼쳤는데, 글쎄 거기에 조의 사진이 실려 있는 게 아닙니까? 기사를 읽어보니 전날 밤 그 지역 건축업자 총회가 열렸고, 그가 연설을 했는데 놀랍게도 그는 그저 미국주택건축업자협회의 대변인이 된 게 아니었습니다. 그는 회장이었습니다.'

이렇듯 어느 분야에서든 노력으로 성공을 하려면 다음과 같은 자질이 필요하다. 열정으로 승화시킬 만한 욕망, 산을 평지로 만드는 불굴의 끈기, 성공할 것이라고 믿는 자기 확신이다.

율리우스 카이사르가 자신의 군대를 이끌고 갈리아에서 배를 타고 해협을 건너 지금의 영국 땅에 상륙했을 때 그는 병사들에게 성공에 대한 확신을 주기 위해 어떻게 했을까? 보지 않아도 뻔하다. 그는 병사들을 도버의 백악 절벽 위에 세웠다. 그리고 200피트 아래의 파도를 굽어보게 했다. 병사들은 자신들이 타고 온 배가 시뻘건 불길에 휩싸인 모습을 보았다. 대륙과 연결된 그 마지막 줄이 사라졌을 때, 최후에 후퇴할 수단이 불태워졌을 때 적군의 땅에서 그들에게 남은 길은 하나뿐이었다. 진군해서 정복하는 것이었고, 그들은 정말로 그렇게 했다.

이것이 불멸의 카이사르 정신이다. 청중에 대한 두려움을 정복하려고 할 때 당신도 그렇게 하면 어떨까? 부정적인 생각일랑 타오르는 불길 속으로 던져버리고 우유부단한 과거로 도피하려는 철문은 모두 닫아버려라.

넷째, 연습할 수 있는 기회는 모두 잡아라

제1차 세계대전 전에 125번가 YMCA에서 처음 시작된 나의 강좌는 상상할 수도 없을 만큼 지금의 모습과는 달랐다. 해마다 새로운 아이디어가 첨가되고 낡은 아이디어는 폐기되었다. 그런데도 한 가지 변하지 않는 철칙이 있는데, 수강생은 누구나 한번은 일어서서 말을 해야 한다는 점이다. 대부분은 동료 수강생들 앞에서 두 차례 연설을 한다. 왜 그러는지 아는가? 물에 들어가지 않고는 수영을 배울 수 없는 것처럼, 여러 사람 앞에서 말을 해보지 않고는 대중 연설하는 법을 배울 수 없기 때문이다. 이 책을 포함해서 대중 연설에 관한 책을 아무리 많이 읽어도 연설은 못 할 수 있다. 이 책이 아무리 철저한 지침서라고 해도 조언하는 내용을 실천하지 않으면 소용이 없다.

조지 버나스 쇼에게 어떻게 하면 대중 앞에서 설득력 있게 말을 잘할 수 있는지 물었더니 이렇게 대답했다.

"스케이트 타는 법을 배울 때와 똑같습니다. 잘 타게 될 때까지 끝없이 넘어지고 바보짓을 해야 합니다."

젊은 시절 그는 런던에서 가장 소심한 사람이었다. 남의 집 문을 노크하기 위해 20분 동안 임뱅크먼트 거리를 서성거릴 정도였다. 그는 이렇게 고백했다.

"나처럼 그저 겁이 나서, 지독하게 수줍음이 많아서 고통을 겪었던 사람도 없을 겁니다."

그는 마침내 소심하고 겁 많은 성격을 극복하기 위해 지금까지 고안된 방법 중에 가장 효과 빠르고 확실한 방법을 생각해냈다. 약점을 강점으로 만들기로 결심한 것이다. 그는 토론 동호회에 가입하고 런던에서 열리는 토론회란 토론회에는 모두 참석했다. 그리고 언제나 일어나서 토론에 참가했다. 그 후 사회주의의 대의에 매료되어 그 대의를 여러 사람에게 설파하기도 했던 조지 버나드 쇼는 20세 전반기에 가장 소신 있고 화려한 언변을 지닌 웅변가로 변모했다.

말할 기회는 어디에나 있다. 단체에 가입하고 시설에서 자원봉사를 하다 보면 말할 기회가 생긴다. 발언권을 얻을 수만 있다면 이런 공적인 모임에서 일어서서 자기 의견을 말하라. 부서회의 때 뒷자리에 앉지 마라. 발언하라! 일요학교에서 교사로 활동하라. 스카우트 지도자가 되라. 집회에 참석할 기회가 있는 그룹에 적극적으로 가입하라. 주변을 둘러보면 직장이든 지역 사회, 정치, 자신이 속한 업종 단체, 심지어 이웃끼리의 모임에서도 앞에서 발언해야 할 일이 전혀 없는 조직은 없다는 사실을 알게 된다. 말하고 또 말하고 또 말하지 않는 이상 자신이 얼마나 발전하고 있는지 알 수 없다.

"그 점은 알고 있지만, 힘든 훈련을 잘 견뎌낼까 망설여집니다."

언젠가 한 젊은 기업 임원이 나에게 말했다.

"힘들다고요!"

내가 반문했다.

"그런 생각부터 버리십시오. 당신은 배운다는 것, 극복한다는 것의 참 의미를 생각해본 적이 없군요."

"그게 무슨 뜻이죠?"

그가 물었다.

"모험 정신입니다."

내가 말했다. 나는 그에게 대중 연설을 통해 인격도 연마하고 남에게 펼쳐 보임으로써 성공에 이르는 길에 대해 설명해주었다.

"한 번 해보겠어요."

그가 마침내 말했다.

"모험에 뛰어들어보겠어요."

이 책을 읽고 여기에 나오는 원칙을 실행에 옮기면 당신 또한 모험을 하게 될 것이다. 이것이 모험이며, 이 모험을 통해 얻는 스스로 이끌어 가는 힘과 비전이 당신을 지탱해줄 것이다. 당신을 안팎으로 변화시켜 주는 것은 모험이다.

자신감 기르기

"카네기 씨, 실은 5년 전 당신이 공개강좌를 하던 그 호텔에 간 적이 있습니다. 그러나 강의실 문 앞까지 걸어갔다 걸음을 멈추고 말았죠. 강의실 문을 열고 수업에 참가하면 늦든 빠르든 저 역시 연설을 하지 않으면 안 된다는 것을 알고 있었기 때문이죠. 손잡이를 잡은 제 손은 얼어붙어 버리고, 저는 결국 들어갈 수가 없었습니다. 그대로 돌아서서 호텔을 나오고 말았습니다. 만약 제가 그때 당신이 말한 대로 그 두려움, 청중에 대한 두려움으로 마비되는 것을 쉽게 극복하는 방법을 알았더라면 지난 5년을 허비하지 않았을 텐데 말입니다."

이렇게 고백한 남자는 나와 테이블이나 책상을 마주한 채 이 말을 한 게 아니었다. 200명쯤 되는 청중 앞에 불려 나와 연설을 하는 중이었다. 뉴욕 시에 있는 우리 강좌를 수료하는 졸업생들이 모인 자리였다. 그가 연설을 시작했을 때 나는 특히 그의 차분하고 자신감 넘치는 태도에 깊은 감명을 받았다. 나는 경영자로서 능력에 새로 얻은 표현력과 자신감이 더해져서 나중에는 그가 몰라보게 향상될 거라고 믿었다. 그를 가르친 강사로서 두려움을 단방에 날려 보낸 제자를 뿌듯해 하며 한편으로는 만약 그가 5년이나 10년 전에 그런 두려움을 극복했다면 성공은 훨씬 빨랐을 것이고 훨씬 행복했을 텐데 하는 아쉬움을 감출 수 없었다.

에머슨이 말했다.

"두려움은 이 세상 무엇보다도 많은 사람을 패배시킨다."

아, 나는 그 말의 쓰라린 진실을 얼마나 절감한 적이 많은지 모른다. 한편으로는 사람들을 그 두려움으로부터 구해낼 수 있어서 감사한다. 1912년, 처음 강좌를 개설했을 때는 이 훈련이 사람들의 두려움과 열등감을 없애는 데 지금까지 고안된 그 어떤 방법보다도 최고라는 사실을 깨닫지 못했다. 하지만 점차 대중 앞에서 말하는 훈련이 자의식을 극복하는 가장 자연스러운 방법임을 알게 되었다. 그 이유가 무엇일까? 청중 앞에서 말을 하는 것은 두려움을 통제하는 일이기 때문이다.

오랜 세월 사람들에게 청중 연설을 가르치는 일을 해오면서 나는 몇 주일이라는 짧은 기간 동안 되도록 빨리 무대 공포증을 극복하고 자신감을 얻는 데 도움이 되는 몇 가지 아이디어를 생각해냈다.

첫째, 연설 공포증의 실체를 알아라

사실 1: 당신만 대중 앞에서 말할 때 공포를 느끼는 게 아니다. 한 대학의 연구 조사를 보면 스피치 강좌에 등록한 학생의 80~90퍼센트가 처음에는 무대 공포증으로 고민한다. 내 강좌를 처음 수강하는 성인들 사이에서는 그 수치가 훨씬 높아서 거의 100퍼센트에 이르는 것으로 알고 있다.

사실 2: 어느 정도의 공포증은 유익하다! 주변에서 일상적으로 일어나지 않는 도전에 직면했을 때 긴장하는 것은 자연스러운 현상이다. 그래서 심장박동이 빨라지고 호흡이 거칠어져도 너무 불안해하지 마라. 이것은 우리의 몸이 외부 자극에 민감해지면서 행동을 취할 준비를 하는 것이다. 만약 이런 생리적인 준비를 어느 한도 내에서 통제할 수 있으면 두뇌도 민첩하게 돌아가고 말도 더 유창하게 할 수 있으며 평상시보다 더욱 열렬하게 말할 수 있다.

사실 3: 직업적인 연사들도 무대 공포증을 겪는다. 연설을 시작하기 직전에는 거의 예외 없이 무대 공포증을 느끼고 처음 몇 문장을 말할 때까지도 지속된다. 그것은 그들이 수레용 말이 아닌, 경주마로서 치러야 하는 대가이다. 어느 경우에도 "떨지 않는다."라고 말하는 연사들은 대체로 둔감한 성격에, 청중에게 주는 감동이 덜한 경우가 많다.

사실 4: 대중 연설 공포증의 가장 큰 원인은 그저 사람들 앞에서 말하는 게 익숙하지 않기 때문이다.

'두려움은 무지와 불확실함에서 태어난 사생아다.'

로빈슨 교수가 저서《정신의 형성The Mind in the Making》에서 한 말이다.

대부분 사람들에게 대중연설은 낯선 분야이고, 그래서 불안하고 두려운 것들 투성이다. 초보자에게는 가령 테니스를 배우거나 운전을 배울 때보다 복잡하고 낯선 상황들이 줄줄이 이어진다. 이 두려운 상황을 간단하고 쉽게 만들려면 훈련하고 또 훈련하고 또 훈련하는 수밖에 없다. 지금까지 수만 명의 사람들이 그랬듯이 그저 성공적인 말하기 경험이 쌓임에 따라 대중 연설은 고역이 아니라 즐거움이라는 사실을 깨닫게 된다.

저명한 강연자이자 심리학자인 앨버트 에드워드 위검이 공포증을 극복한 이야기는 두고두고 나에게 영감을 준다. 고교 시절 그는 자리에 일어나서 5분간 발표를 하는 상상을 하는 것만으로도 공포에 질렸다고 한다.

"그날이 가까워져 오면 영락없이 몸이 아팠다. 두려운 생각을 할 때마다 머리로 피가 몰리고 얼굴은 화끈거릴 정도로 달아올라서 학교 건물 뒤로 뛰어가서 차가운 벽돌에 얼굴을 대고 열기를 식히려고 했다. 대학생이 되어서도 그런 일은 똑같이 일어났다. 한번은 '애덤과 제퍼슨은 세상을 떠났습니다.'로 시작되는 발표문의 첫 부분을 완벽하게 암기했다. 하지만 막상 청중을 마주 보고 서자 머릿속이 요동치면서 내가 어디에 서 있는지도 생각나지 않았다. 나는 숨을 고르고 겨우 입을 떼어 첫 문장을 말했다. '애덤과 제퍼슨은 세상을 떠났습니다.' 그러고 나서 그 다음 말이 전혀 생각이 나지 않았다. 나는 고개를 푹 숙이고 시끄러운 박수 소리를 들으며 조용히 내 자리로 돌아왔다. 학장님이 일어서서 말했다. '에드워드 군, 슬픈 소식을 듣고 충격을 받았네. 그래도 최선을 다해 슬픔을 견뎌낼 것이네.' 그 후로 터져 나온 폭소에 나는 차라리 죽는 게 나을 것만 같았다. 그날 이후 나는 며칠 동안 앓아누웠다. 정말이지 내가 대중 연설가가 되리라고는 꿈에도 상상하지 못했다."

대학을 졸업하고 1년 후 앨버트 위검은 덴버에 있었다. 1896년 당시는 은의 자유주조법을 둘러싸고 정치적인 대립이 격화되던 때였다. 하루는 은의 자유주조를 지지하는 사람들의 주장을 담은 책자를 읽게 되었다. 그는 브라이언(William Jennings Bryan, 미국의 정치가, 위대한 연설가이자 세 번이나 대통령 후보로 나갔으며, 금본위제를 비판-역자주)과 그의 추종자들이 내건 공허한 약속과 잘못을 깨닫고는 격분한 나머지 손목시계를 저당 잡혀 고향인 인디애나로 돌아갈 여비를 마련했다. 그리고 고향에 돌아가 '건전한 화폐'라는 주제로 연설을 하겠다고 자처했다. 청중석에는 그의 학창시절 친구들이 앉아 있었다. 그는 그때 이야기를 이렇게 적었다.

'연설을 시작했을 때 대학 시절 애덤과 제퍼슨에 관해 연설했던 그 장면이 떠올랐다. 나는 목이 메고 더듬거리며 완전히 갈팡질팡하는 것처럼 보였다. 하지만 천시 드퓨(Chauncey Depew, 미국의 정치가, 유에스철도회사의 법률 고문-역자주)의 표현처럼 청중과 나, 양쪽이 어떻게든 도입부를 헤쳐 나가려고 애썼고 그 조그만 성공에 용기를 얻어서 그 후 15분 동안 내 생각을 정신없이 말했다. 그런데 나중에 알게 된 거지만 놀랍게도 나는 1시간 반이나 떠들어댔다! 그 일이 계기가 되어 몇 년 후에 나는 직업적인 연사가 되었고 세상을 깜짝 놀라게 했다. 나는 윌리엄 제임스가 의미한 성공의 습관이 무엇을 의미하는지 직접 체험으로 알게 되었다.'

그렇다, 앨버트 에드워드 위검은 대중 연설의 파괴적인 두려움을 극복하는 가장 확실한 방법은 성공의 경험이 쌓이는 것이라는 사실을 알게 되었다.

대중 앞에서 연설을 하고 싶으면 어느 정도의 두려움은 자연스러운 증상이므로 각오해야만 한다. 아니 어느 정도의 무대 공포증을 적절히 이용하면 더 훌륭한 연설을 할 수 있다. 설령 무대 공포증이 제어할 수 있는 정도를 넘어서 생각을 방해하고, 유창함을 떨어뜨리며 근육 조절이 안 되어 틱 현상을 일으키고 과도한 근육 경련으로 연설의 효과를 감소시킨다고 해도 절망해서는 안 된다. 이런 증상은 초보자들에게 드문 일이 아니다. 꾸준히 노력하면 걸림돌은커녕 도움이 되는 선까지 무대 공포증을 줄일 수 있다.

둘째, 연설을 제대로 준비하라

몇 년 전 뉴욕 로터리클럽의 오찬 모임에서 저명한 정부 관료가 주요 연설자로 나섰다. 우리는 그의 부서 활동에 대한 이야기를 듣게 되리라 기대하며 기쁜 마음으로 기다렸다.

하지만 그는 연설을 준비해오지 않은 게 거의 분명했다. 처음에는 생각나는 대로 즉석연설을 하려는 것 같았다. 잘 안 되자 주머니에서 메모 뭉치를 꺼냈지만 고철 가득한 트럭보다 더 정리가 안 돼 있음이 분명했다. 그는 한동안 메모지를 만지작거렸지만 시간이 흐를수록 더 당황했고 연설은 꼬이기 시작했다. 1분, 또 1분이 흐르면서 더 속수무책이 되고 엉망이 되었다. 그는 허둥대면서 사과를 하고 메모를 뒤적이다 떨리는 손으로 바싹바싹 타는 입술에 물컵을 대며 어떻게든 겉으로는 평정을 찾으려고 애썼다. 준비가 거의 안 된 그 모습은 공포에 질려 완전히 압도당한 듯 딱해 보였다. 그는 마침내 의자에 앉았다. 내가 본 가장 굴욕적인 연사의 모습이었다. 그는 루소의 말처럼 연애편지라도 쓰듯 연설을 했다. 무슨 말부터 해야 하는지 모르는 채 시작했고 무슨 말을 했는지도 모른 채 연설을 끝낸 것이다.

1912년 이후 나는 직업상 의무 때문에 해마다 5,000건이 넘는 연설을 평가해왔다. 그 경험을 통해서 다른 어떤 산보다도 높이 우뚝 솟은 에베레스트 산 같은 교훈을 얻었다. 준비한 연사만이 자신감을 가질 수 있다는 사실이다. 어떻게 결함 있는 무기를 갖고 또는 탄환도 없이 전쟁터에 뛰어들어 공포의 요새를 함락할 수 있단 말인가? 명연설가 링컨도 말했다.

"아무리 세월이 흘러도 할 말을 잃어버렸을 때 당황하지 않고 아무 말이나 할 수 있을 정도로 노련해지지는 못할 것이다."

자신감을 기르고 싶다면, 어째서 연설가로서 안전판 역할을 해주는 한 가지를 하지 않는가? 사도 요한은 이렇게 말했다.

"완벽한 사랑은 두려움을 내쫓는다."

완벽한 준비 또한 두려움을 내쫓는다. 다니웰 웹스터도 준비 없이 청중 앞에 나가는 것은 옷을 반만 걸치고 서 있는 기분이 들 거라고 말했다.

연설 내용을 암기하지 않는다

'완벽히 준비하라.'는 말이 연설 내용을 외워야 한다는 뜻일까? 이 질문에 대해 나는 '아니다.'라고 큰 소리로 말할 것이다. 많은 연사들이 청중 앞에서 머릿속이 백지처럼 하얗게 되는 위기를 맞지 않으려고 암기라는 함정에 빠진다. 그러나 이런 정신적인 집착의 희생양이 되면 어쩔 수 없이 시간을 낭비하며 외우기에 매달리게 되고 연단에서의 효율성을 해친다.

미국 시사 해설계의 권위자인 칼텐번은 하버드대학교 재학 시절에 웅변 대회에 나갔다. 그는 '왕은 신사'라는 제목의 짧은 이야기를 선택했다. 그는 그 이야기를 한 마디, 한 마디 외워서 수백 번쯤 연습을 했다. 웅변 대회 당일 그는 '왕은 신사'라는 제목을 큰 소리로 외쳤다. 하지만 다음 순간 머릿속이 텅 비어버렸다. 텅 빈 것뿐만 아니라 캄캄해졌다. 얼굴은 하얗게 질렸다. 그는 외웠던 이야기는 내버려두고 생각나는 대로 꾸며서 말하기 시작했다. 나중에 심사위원단이 1등 상을 주었을 때 그 홀에서 가장 놀란 사람은 다름 아닌 그 자신이었다. 그날 이후로 지금까지 칼텐번은 절대로 원고를 읽거나 외우지 않는다. 방송계에서 성공하게 된 비결도 그것이었다. 그는 몇 가지 메모를 할 뿐 원고 없이 자연스럽게 청취자를 향해 말을 한다.

연설할 내용을 적어서 달달 외우는 것은 시간과 에너지를 낭비할 뿐만 아니라 비참한 결과를 초래할 수 있다. 우리는 평소에 자연스럽게 말을 한다. 단어를 미리 생각해뒀다 말하는 사람은 없다. 그저 무슨 내용을 말할 것인지만 생각한다. 말할 내용만 명확하다면 단어는 의식하지 않아도 저절로 호흡하는 것처럼 나오기 때문이다.

윈스턴 처칠 같은 이도 씁쓸한 경험 끝에 이런 교훈을 깨닫게 되었다. 젊은 시절 처칠은 미리 연설 원고를 써서 암송했다. 그런데 어느 날 영국 의회에서 암기한 연설을 하던 도중 갑자기 머릿속 길이 막혀버렸다. 그는 머릿속이 하얘졌다. 순간 당황하고 굴욕감을 느꼈다! 그는 마지막 문장을 떠올려서 말하려고 했다. 하지만 머릿속은 다시 하얘졌고 얼굴은 붉어졌다. 하는 수 없이 자리에 앉았다. 그날 이후로 지금까지 윈스턴 처칠은 절대로 연설 내용을 외우지 않았다.

연설 내용을 한 글자, 한 글자 암기하면 청중 앞에 섰을 때 까맣게 잊어버리기 쉽다. 설령 외운 내용을 잊어버리지 않는다고 해도 기계적으로 내뱉는 연설이 될 게 뻔하다. 왜일까? 그것은 우리의 마음에서 우러나오는 게 아니라 기억 속에서 나오는 것이기 때문이다. 우리는 개인적인 대화를 나눌 때 말하려는 내용만 생각할 뿐 어떤 단어를 써야겠다고 생각하지 않는다. 우리는 평생 그렇게 해왔다. 그런데 왜 지금 와서 바꾸려고 하는가? 만약 우리가 연설 내용을 적어서 암기한다면 밴스 부쉬넬이 했던 것과 똑같은 경험을 하게 될 것이다.

파리의 보자르 예술학교 졸업생인 밴스는 훗날 세계에서 가장 큰 보험회사인 이퀴터블 생명보험의 부회장이 되었다. 몇 년 전 그는 웨스트 버지니아의 화이트 설퍼 스프링에서 미국 전역에 흩어져 있는 2,000개가 넘는 이퀴터블 생명보험 대리점 점장들이 참석하는 총회에서 연설을 해달라는 요청을 받았다. 당시 생명 보험 업계에 뛰어든 지 2년도 채 안 된 그였지만 뛰어난 실적을 높이 평가해서 20분간 연설할 기회가 주어진 것이다.

밴스는 기꺼이 승낙했다. 연설이 자신에게 주어진 특권처럼 생각되었다. 하지만 안타깝게도 그는 연설 원고를 작성해서 그대로 외웠다. 거울 앞에 서서 40번이나 연습을 했다. 문장 하나, 제스처, 얼굴 표정까지 모든 것이 술술 나오게 했다. 이 정도면 흠 잡을 데 없다고 확신했다.

하지만 연설을 하려고 연단에 올라서자 잔뜩 긴장이 됐다. 그가 말문을 열었다.

"이 프로그램에서 저의 역할은…… ."

머릿속이 백지장이 됐다. 그는 당황해서 뒤로 두 발짝 물러선 다음 처음부터 다시 시작하려고 했다. 하지만 머릿속이 다시 하얘졌다. 그는 다시 뒤로 두 발짝 물러서서 시작하려고 했다. 이런 행동이 세 번이나 반복되었다. 연단의 높이는 1미터가 훨씬 넘고 뒤편에는 난간도 없었다. 게다가 연단 뒤와 벽 사이에는 폭이 1.5미터나 되는 틈이 나 있었다. 네 번째 뒷걸음질을 쳤을 때였다. 그는 연단에서 굴러 떨어져 그 틈으로 자취를 감추고 말았다. 청중은 웃느라 어쩔 줄을 몰랐다. 어떤 이는 의자에서 떨어져서 복도에서 떼굴떼굴 구르기까지 했다. 이퀴터블 생명보험의 역사상 어느 누구도 이렇게 우스꽝스러운 상황을 연출한 적이 없었다. 더 놀라운 점은 청중이 그 장면을 일부러 연출한 것으로 여겼다는 사실이다. 이퀴터블 생명보험의 고참 사원들은 지금도 그의 연기에 관해 말한다.

연사인 밴스 부쉬넬은 어떻게 됐을가? 밴스 부쉬넬은 평생 그때처럼 당황스러웠던 적은 없었다고 나에게 털어놓았다. 그는 얼마나 부끄러웠던지 사직서를 썼다.

하지만 밴스 부쉬넬의 간부들은 사직서를 반려하고 그를 설득했다. 그들은 그에게 자신감을 되찾게 해주었다. 그리고 몇 년 후 밴스 부쉬넬은 그 회사에서 가장 뛰어난 연사가 되었다. 다만 두 번 다시 연설을 외우지 않았다. 우리도 그의 경험을 반면교사로 삼아야 한다.

나는 지금까지 암기해서 연설한 사람들의 이야기를 수없이 들었지만 암기한 이야기를 쓰레기통에 던져버렸더라면 더욱 생생하고 효과적이며 인간적인 연설이 되었을 거라고 확신한다. 물론 암기하지 않으면 요점 중 몇 가지는 잊어버릴 수도 있다. 또 횡설수설할지도 모른다. 하지만 적어도 인간적이다.

언젠가 에이브러험 링컨은 이렇게 말했다.

"나는 건조한 설교는 듣고 싶지 않다. 누군가 설교하는 것을 들을 때 그가 벌떼와 싸우는 것처럼 행동하는 모습을 보고 싶다."

링컨은 연사가 원고에 얽매이지 않고 흥분도 하고 자유롭게 말하는 것을 듣고 싶어 했다. 연사가 암기한 문장을 기억하려고 애쓰면 벌떼와 싸우는 것처럼 행동할 수 없다.

생각을 미리 종합하고 정리해라

그렇다면 어떻게 연설을 준비하는 것이 적당할까? 간단히 이렇게 하면 된다. 인생에 관해 뭔가 배울 수 있었던 중요한 경험들을 과거 속에서 찾아내어 그 경험에서 얻은 교훈과 생각, 신념을 모으고 정리하는 것이다. 진정한 연설 준비란 말하려는 주제에 관해 생각을 정리해두는 것을 말한다. 몇 년 전 찰스 레이널드 브라운 박사가 기념비적인 예일대 강연에서 말했던 것처럼 말이다.

"여러분이 말하려는 주제가 무르익고 확장될 때까지 그 주제에 대해 숙고하고 그다음 그 생각을 글로 적어보십시오. 단지 아이디어를 구체화하는 것이므로 종이에 몇 마디 메모해두는 걸로 족합니다. 그 메모들을 죽 늘어놓으면 그 단편적인 경험들을 훨씬 쉽게 배열하고 조직화할 수 있다는 사실을 알게 될 것입니다."

별로 어려운 일처럼 들리지 않는다. 그렇지 않은가? 그렇게 어렵지 않다. 그저 약간 집중하고 목표에 대해 생각하면 된다.

친구를 상대로 연설 연습을 하라

말하려는 내용이 어느 정도 정리된 후 연설 연습을 해야 할까? 어떤 식으로든 하라. 다음은 가장 쉽고 효과적이고 확실한 방법이다. 친구나 직장 동료와 일상적인 대화를 나눌 때 연설을 위해 골라놓은 이야기를 해보는 것이다. 점심 식사 시간에 야구 경기의 득점에 관해 수다를 떠는 대신 이렇게 말해본다.

"조, 내가 한번은 아주 이상한 경험을 했는데 들어보겠나?"

조는 아마도 기쁘게 당신의 이야기를 들어줄 것이다. 그의 반응을 지켜보라. 그의 대꾸에 귀를 기울여라. 어쩌면 그는 꽤 흥미로운 아이디어를 갖고 있을지도 모른다. 조는 당신이 연설 연습하는 줄 모를 것이다. 그 점은 중요하지 않다. 하지만 그는 당신과의 대화가 즐거웠다고 말할 것이다.

저명한 역사가 앨런 네빈즈도 비슷한 조언을 작가들에게 한다.

"그 주제에 흥미를 보이는 친구를 붙잡고 당신이 알게 된 사실을 미주알고주알 말하라. 이런 식으로 하면 당신이 놓쳤을지도 모르는 사실에 대한 설명이라든지 미처 깨닫지 못한 논점, 당신이 하려는 이야기에 가장 적절한 형식 따위를 뒤늦게 발견할 수도 있다."

셋째, 미리 머릿속으로 성공을 그려라

대중 연설을 훈련할 때 일반적으로 가져야 할 태도를 설명하면서 이와 똑같은 말을 했던 것을 기억할 것이다. 그 원칙은 지금 당신 앞에 놓인 특정한 과제를 수행할 때도 마찬가지로 적용된다. 기회가 되어 말을 할 때마다 모두 성공적인 경험이 되게 하라. 그렇게 하려면 다음 세 가지 방법을 따라야 한다.

자신의 주제에 몰두하라

주제를 정한 다음 계획에 따라 정리하고, 친구를 상대로 미리 '말해보기'를 연습하라. 그렇다고 연설 준비가 끝난 것은 아니다. 진심으로 그 주제가 중요하다고 믿어야만 한다. 역사상 진정으로 위대한 인물들을 격려하고 용기를 북돋아준 태도 즉, 자신이 주장하는 바에 대한 믿음을 가져야 한다. 어떤 식으로 당신의 메시지에 대한 신념의 불을 타오르게 할지, 연설의 주제를 단계별로 탐구하고 그 깊은 의미를 파악하며 어떻게 하면 청중이 당신의 연설을 들음으로써 더 나은 사람이 되는 데 도움이 될 수 있을지 스스로 물어보라.

부정적인 상상으로 좌절하지 않게 조심하라

예를 들어, 어법상 실수를 저지르거나 연설 도중 갑자기 말이 막힌다든지 하는 따위의 상상을 하는 것은 연설을 하기도 전에 자신감을 잃게 될 수 있다. 특히 연설을 하기 직전에는 집중력을 흐트러뜨리지 않는 게 중요하다. 다른 연사들의 이야기에 귀를 기울이거나 해서 뭔가에 집중하면 지나친 무대 공포증을 스스로 만들어내는 일을 피할 수 있다.

자신에게 격려의 말을 하라

어떤 대단한 명분을 위해 인생을 바쳐온 사람이라면 모를까, 누구나 자신이 정한 주제에 관해 회의하는 순간을 겪게 마련이다. 그래서 이 주제가 자신에게 적절한지, 청중이 과연 관심을 보일지 스스로 묻게 된다. 그럴 경우 문득 관심 주제를 바꾸고 싶은 유혹도 느낄 것이다. 이렇게 부정적인 생각에 자신감을 잃게 될 때는 자신을 응원해라. 명확하고 구체적인 말로 '너의 연설 주제는 너에게 딱 맞아, 그 이야기는 너의 경험에서 나온 것이고, 너의 인생관에서 나온 것이니까.'라고 말하라. 자신에게, 그 누구보다도 이런 특별한 이야기를 해줄 자격이 있다고 말하라. 틀림없이 최선을 다해 훌륭하게 해낼 거라고 격려해라. 구태의연한 자기 암시 방법을 가르치는 거냐고? 어쩌면 그럴지도 모른다. 하지만 현대의 실험적인 심리학자들도 자기암시를 통한 동기부여는 설령 시뮬레이션일망정 무언가를 빠르게 학습할 때 가장 강력한 자극제라는 점을 인정한다. 하물며 사실에 근거한 진지한 응원의 말이라면 그 효과가 더욱 강력하지 않을까?

넷째, 자신 있게 행동하라

미국이 배출한 저명한 심리학자 윌리엄 제임스 교수는 이렇게 말했다.

"행동이 감정을 따르는 것 같지만 실제로 행동과 감정은 동시에 일어난다. 또한, 의지에 직접적인 통제를 받는 행동을 조절함으로써, 의지로 통제되지 않는 감정도 간접적으로 통제할 수 있다. 그래서 마음에서 우러나는 명랑함이 사라졌을 경우 스스로 명랑해질 수 있는 가장 좋은 방법은 명랑하게 일어서서 마치 명랑함이 거기에 있었던 것처럼 말하고 행동하는 것이다. 만약 이렇게 행동해도 명랑해지지 않으면, 다른 방법은 없다. 마찬가지로 대담해지고 싶으면 그 목표를 위해 의지를 모두 동원해서 대담한 것처럼 행동하라. 그러면 두려움의 발작 대신 순간적으로 용기가 폭발할 가능성이 크다."

제임스 교수의 조언을 응용해보라. 청중 앞에 섰을 때 용기를 갖기 위해 이미 용맹스러운 것처럼 행동하라. 물론 연설 준비가 되어 있지 않으면 어떤 행동을 해도 소용이 없다. 하지만 무슨 말을 할지 준비를 했다면, 활기차게 앞으로 걸어 나가 심호흡을 한 번 하라. 아니 청중과 마주 대하기 전에 30초쯤 심호흡을 하라. 몸에 들어가는 산소량이 증가하면 기분이 좋아지고 대담해질 것이다. 유명한 테너인 장 드 레슈케도 심호흡을 한 뒤 "이제 착석해주세요."라는 말을 들으면 긴장이 사라진다고 종종 말했다.

몸을 쭉 펴고 서서 청중을 정면으로 응시하면서 마치 청중 한 명, 한 명이 돈을 꿔 간 사람이라도 되는 듯 의기양양하게 연설을 시작해라. 청중이 그렇다고 상상하라. 청중이 당신에게 채무 변제 일을 연기해달라고 사정하러 왔다고 상상하라. 이런 심리적인 효과는 당신에게 유익할 것이다.

혹시 이런 방법이 통할까 의심스럽다면 이 책의 토대가 된 아이디어를 여러분보다 먼저 경험한 선배 수강생 아무나 붙잡고 2, 3분만 대화를 나눠보면 마음이 바뀔 것이다. 하지만 그들과 대화를 나눌 수 없다면 대신 용기의 영원한 상징이라고 할 수 있는 미국인의 말을 들어보라. 그는 한때 아주 소심한 남자였다. 하지만 자기 확신 훈련을 통해 가장 대담한 사람이 되었다. 자신만만하게 청중의 마음을 뒤흔들고 강권을 휘둘렀던 미국의 대통령 시어도어 루스벨트였다.

'소년 시절 병약하고 몸이 불편했던 나는 청년이 되어서도 처음에는 내 능력에 회의적이고 신경질적이었다. 그래서 내 육체뿐만 아니라 정신과 의지력까지 아프고 힘들게 단련시키지 않으면 안 됐다.'

그는 자서전에서 이렇게 고백했다.

다행히 그는 어떤 식으로 자신을 변화시켰는지 알려준다.

'어렸을 때 나는 언제 읽어도 감명을 주었던 매리어트(Marryat, 영국의 해군 장교 · 해양 소설가-역자주)의 책에서 인상적인 구절을 발견했다. 그 책에는 영국 소군함의 함장이 어떻게 하면 두려움을 모르는 사람이 될 수 있는지 부하들에게 설명하는 대목이 나온다. 그가 말하길 처음에 전투에 나가면 누구나 두려움에 사로잡힌다. 하지만 그 다음부터는 겁이 나지 않는 척 행동할 수 있다고 끊임없이 자신을 설득하는 것이다. 그렇게 어느 정도 자신을 세뇌하면 겉으로만 그랬던 것이 현실이 된다. 즉, 겁이 나도 정말로 아무렇지도 않은 척 하다 보면 정말로 겁이 사라진다. 나도 그 방법을 사용했다. 회색 곰부터 '망나니' 말, 총 싸움까지 내가 처음에 두려워했던 것들은 아주 많았다. 하지만 두렵지 않은 척 행동함으로써 서서히 두려움을 잊어갔다. 누구나 원하기만 하면 똑같은 경험을 할 수 있다.'

대중 연설의 두려움을 이기는 것은 우리가 하는 모든 것에 대한 가치를 엄청나게 바꾼다. 이 도전에 응하는 사람은 그것 자체로 자신이 훨씬 나은 사람이 됐음을 깨닫게 된다. 사람들 앞에서 말하는 두려움을 극복한 사람은 과거의 나에서 벗어나 더 풍부하고 충실한 삶 속으로 들어갔음을 깨닫게 된다.

한 영업사원이 이렇게 썼다.

'수업 시간에 몇 번 앞에 나가서 말을 한 후로 누구와도 맞붙을 수 있다는 자신감이 생겼다. 한번은 아주 까다로운 구매 중개인을 방문했다. 나는 그가 '안 돼요.'라고 거절하기 전에 책상 위에 샘플을 펼쳐놓았다. 그날 나는 지금까지 받아본 적이 없는 가장 큰 금액의 주문을 받았다.'

한 주부가 우리 연구소의 소장에게 털어놓은 이야기다.

"저는 평소 남과 대화하는 게 두려워서 이웃집 방문도 꺼렸어요. 그런데 강의를 몇 번 듣고 사람들 앞에 서본 후에 실습 삼아 파티를 열었죠. 결과는 대성공이었어요. 이제는 재미있는 이야기를 해서 사람들을 즐겁게 하는 데 전혀 어려움을 느끼지 않았어요."

강좌를 수료한 한 회사원은 이렇게 말했다.

“저는 고객이 두려워서 미안해하는 인상을 주었어요. 그런데 수업 시간에 몇 번 앞에 나가 말해본 뒤에는 더욱 자신 있고 침착하게 말할 수 있게 되었어요. 요즘은 상대방의 의견에 이의가 있으면 당당하게 말해요. 이 강좌에서 말하기를 배운 후 저의 영업 실적은 첫 달에 45퍼센트나 올랐어요.”

그들은 다른 두려움이나 불안함을 극복하는 것도, 이전 같으면 실패했을 일도 성공하는 것도 쉬워졌음을 깨달았다. 여러분 또한 대중 앞에서 이야기를 할 수 있게 되면 그 자신감으로 일상생활에서 겪는 일도 자신 있게 대처할 수 있게 된다는 사실을 알게 될 것이다. 어려움도, 삶의 갈등도 새로 얻은 노련함으로 헤쳐나가게 될 것이다. 해결할 수 없는 상황에 연이어 처해도 삶의 기쁨을 배가시켜주는 긍정적인 도전으로 생각할 수 있다.

효과적인 말하기, 빠르고 쉽게 배우는 법

나는 낮에는 좀처럼 TV를 보지 않는다. 그런데 최근에 내 친구 하나가 주부들이 주로 시청하는 어떤 오후 프로그램을 보라고 권했다. 시청률이 높은 프로그램인데 나에게 권한 이유는 그 쇼에서 시청자 참여 코너가 내 흥미를 끌 거로 생각한 모양이었다. 친구의 말이 옳았다. 나는 사회자가 방청석의 사람들을 이야기에 끌어들이는 방식에 매료되어 여러 번 시청했다. 사회자의 방식이 줄곧 나의 관심을 끌었다. 방청객은 전문적인 연사들은 아닌 게 분명했다. 의사 전달 기술을 훈련받은 적이 없는 사람들이었다. 어떤 사람은 어법도 틀리고 발음도 엉망이었다. 하지만 그들이 들려주는 이야기는 모두 재미있었다. 이야기를 시작하는 순간에도 카메라가 돌아가고 있다는 두려움은 조금도 느끼지 않는 것 같았고 청중의 이목을 집중시켰다.

어떻게 그럴 수 있을까? 그 프로그램에서 사용한 기법은 나 역시 수 년 동안 적용해봤기에 해답을 알고 있다. 그 프로그램에 참가한 사람들은 모두 평범하고 단순한 사람들로 전국 시청자들의 관심을 한 몸에 받고 있었다. 그들은 자기 자신과, 가장 난처했던 순간, 가장 즐거웠던 기억 또는 남편이나 아내를 만나게 된 일에 대해 이야기했다. 이야기의 서론, 본론, 결론 따위는 신경 쓰지 않았다. 자신의 말투라든지 문장의 구조 또한 걱정하지 않았다. 그런데도 시청자들로부터 최후의 승인 도장을 받고 있었다. 그들의 이야기에 빠져들어 귀를 기울이는 시청자의 반응이 그 증거였다. 이 사실로 알 수 있듯 빠르고 쉽게 대중 연설 방법을 배우는 데 필요한 원칙 중 한 가지는 이것이다.

첫째, 경험하거나 배워서 충분히 알고 있는 것에 관해 말하라

그 텔레비전 프로그램을 재미있게 만들어준 평범한 사람들은 각자 인생 이야기를 했으며, 그것은 직접 체험에서 나온 것이다. 그들은 자신이 가장 잘 아는 내용을 이야기했다. 만약 그들에게 공산주의에 대해 정의를 내려 보라거나 UN의 조직 구조에 관해 설명해보라고 했으면 그 프로그램이 얼마나 재미없을까? 그런데 수많은 연사들이 수많은 모임이나 연회석상에서 저지르는 실수가 바로 그것이다. 그들은 자기가 전혀 또는 조금밖에 알지 못하는 내용이나 평소에 관심도 없던 주제에 관해 말해야 한다고 생각한다. 민족주의나 민주주의 또는 정의와 같은 주제를 정하고 몇 시간쯤 미친 듯이 인용할 책이라든가 연설가의 편람을 뒤진 다음 대학 시절에 배운 정치학 수업에서 주워들은 어렴풋

이 기억나는 일반론을 넣어 장황한 것 말고는 특별할 게 없는 연설을 한다. 이런 연사들은 청중이 거창한 개념을 피부에 와닿게 해주는 현실적인 화제에 흥미를 느낀다는 사실을 절대 모른다.

몇 년 전 시카고의 콘래드 힐튼 호텔에서 개최된 데일 카네기 연구소 강사들의 지역별 모임에서 한 수강생이 이렇게 말했다.

"자유, 평등, 박애. 이런 것들은 인류의 사전에서 가장 강력한 개념입니다. 자유가 없으면 삶은 살 가치가 없습니다. 만약 당신이 모든 면에서 행동의 제약을 받는다면 그 삶이 어떻게 될지 상상해보십시오."

그는 거기까지만 이야기했다. 현명한 강사가 그의 말을 중단시켰기 때문이다. 강사는 그 수강생이 방금 말한 내용을 상기시키며 왜 그렇게 믿게 되었느냐고 물었다. 그가 말한 내용을 뒷받침할 수 있는 증거나 개인적인 경험이 있는지 물었다. 그러자 그 학생은 놀라운 이야기를 들려주었다.

그는 한때 프랑스 지하조직의 저항운동가였다. 그는 우리에게 그와 그의 가족이 나치의 치하에서 겪은 수모에 대해 들려주었다. 그리고 비밀 경찰의 감시를 뚫고 탈출해서 마침내 미국에 오기까지 겪은 이야기를 생생한 언어로 설명했다. 그리고 마지막으로 이렇게 끝맺었다.

"오늘 이 호텔에 오려고 미시건 거리를 걸어 내려올 때 저는 과거에 그토록 소원했던 대로 자유롭게 걷고 있었습니다. 경찰관 앞을 지나는데도 그는 저를 주시하지 않았습니다. 이 호텔에 들어올 때 신분증을 제시할 필요도 없었습니다. 이 집회가 끝나면 저는 시카고 아무 데나 가고 싶은 데 갈 수 있습니다. 제 말을 믿으십시오. 자유란 쟁취할 만한 가치가 있는 것입니다."

그는 청중으로부터 기립 박수를 받았다.

인생이 가르쳐준 교훈을 이야기하라

삶에서 배운 교훈을 이야기하는 연사는 절대로 청중의 관심을 끄는데 실패하지 않는다. 그런데 내 경험에 의하면 연사들은 이런 견해를 좀처럼 받아들이지 않는다. 그들은 아주 사소하거나 제한적인 자기 경험을 화제로 삼으려고 하지 않는다. 대신 일반적인 생각이라든지 철학적인 원칙 같은 고차원적인 영역을 다루려고 한다. 하지만 불행하게도 그곳은 평범한 사람들이 호흡하기에는 공기가 너무 적다. 청중이 새로운 소식에 목말라하는데 사설(社說)을 던져주는 꼴이다. 물론 사설을 쓸 만한 자격이 있는 사람, 즉 신문 발행인이나 편집장 같은 사람이 사설을 들려주면 충분히 귀를 기울일 것이다. 그럼에도 요점은 이것이다. 인생에서 배운 이야기를 하라. 그러면 나는 당신의 충직한 청중이 될 것이다.

에머슨은 상대의 지위가 아무리 하찮다고 해도 기꺼이 그의 말에 귀를 기울였다. 자신이 만나는 모든 사람들에게서 무엇이든 배울 수 있다고 믿었기 때문이다. 나는 철의 장막 서쪽에 사는 누구보다도 다른 사람들의 이야기를 많이 들었다고 자부한다. 그래서 진심으로 말하는데, 연사가 자신의 인생 이야기를 털어놓을 때 단 한 번도 지루하다고 느낀 적이 없었다. 그들이 인생에서 배운 교훈이 아무리 시시하고 하찮은 것이라고 해도 말이다.

예를 들어보겠다. 몇 년 전 우리 강좌의 강사 한 명이 뉴욕 시티은행의 간부들에게 대중 연설을 지도한 적이 있다. 그들은 직업상 시간 여유가 많지 않아서 제대로 수업 준비를 하기는커녕 무엇을 준비하겠다고 생각하는 것조차 어려워했다. 그들 모두 자신만의 생각을 하고 자신만의 신념을 정립하며 자신만의 독특한 시각으로 사물을 보고 자신만의 독자적인 경험을 하며 살아왔다. 다시 말해 40년이라는 인생이 곧 이야깃거리인 셈이다. 하지만 그들 중에 몇 명은 이런 사실을 깨닫지 못했다.

어느 금요일, 시내의 한 은행에 근무하는 어떤 신사는 4시 30분이 된 것을 알았다. 편의상 그를 잭슨이라고 부르자. 오늘은 무슨 이야기를 하지? 그는 사무실을 나서서 걸어오다 신문 가판대에서 〈포브스〉 잡지를 한 부를 산 뒤, 수업이 있는 연방준비은행으로 가는 지하철을 탔다. 지하철에서 그는 '성공하려면 10년밖에 남지 않았다.'라는 제목의 기사를 읽었다. 그 기사에 특별히 관심이 있어서가 아니라 주어진 시간에 뭔가 말해야 했기 때문이었다.

1시간 후 잭슨은 호명을 받자 자리에서 일어나 그 기사 내용을 당당하고 흥미롭게 이야기하려고 했다.

결과는 어떠했을까? 그것은 필연적인 결과였을까?

그는 자신이 하려는 이야기의 내용을 완전히 소화하지도, 이해하지도 못했다.

"무슨 말이든 해서 시간이나 때울 생각이었다."

그것이 정확한 표현이리라. 아무튼 그가 애를 썼다고 해도 그가 내뱉은 말에는 진정한 메시지가 없었다. 그의 태도나 말투에서도 영락없이 드러났다. 그랬으니 어떻게 청중이 조금이라도 감명을 받을 거라고 기대할 수 있겠는가? 그는 기자가 이렇게저렇게 말했다고 하면서 계속해서 기사를 언급했다. 연설 속에는 〈포브스〉 잡지라는 말만 많았지 유감스럽게도 잭슨 씨는 거의 없었다.

그가 이야기를 끝냈을 때 강사가 말했다.

"잭슨 씨, 우리는 그 기사를 쓴, 얼굴도 생판 모르는 사람에 대해선 아무 관심도 없습니다. 그 사람은 여기에 없어요. 우리는 그 사람을 볼 수도 없어요. 우리가 관심 있는 것은 당신과 당신의 생각입니다. 다른 누가 말한 게 아니라 당신 자신의 생각을 말해주십시오. 이 연설에 잭슨 씨를 더 많이 넣으십시오. 다음 주에 이와 똑같은 주제로 다시 이야기해주시겠습니까? 기사를 다시 읽고 기사를 쓴 기자의 의견에 동의하는지, 아닌지 스스로 물어보십시오. 만일 동의하면 당신의 경험에 비추어 동의하는 점을 예를 들어 말씀해주십시오. 만일 글쓴이의 의견에 동의하지 않는다면, 그 이유를 말씀해주십시오. 이 기사를 출발점으로 삼아 당신 자신의 이야기를 하는 겁니다."

잭슨 씨는 기사를 다시 읽어보고는 기자의 의견에 전혀 동의하지 않는다고 결론 내렸다. 그는 자신이 동의하지 않는 이유를 예를 들어 설명하기 위해 기억을 뒤졌다. 은행 고위간부로서 자신의 경험을 통해 자신의 생각을 발전시키고 확장시켰다. 1주일 후 그는 다시 자신의 경험을 토대로 자신의 생각이 담긴 연설을 했다. 잡지 기사를 재탕하지 않고 자신만의 광산에서 채굴한 광석, 자신만의 조폐소에서 주조한 금화와 같은 이야기를 우리에게 들려주었다. 강의실에서 어떤 이야기가 더 큰 감동을 주었을지 판단은 당신에게 맡긴다.

당신의 경험에서 주제를 찾아라

언젠가 우리 강사들에게 초보 연사들을 가르칠 때 부딪히는 가장 큰 어려움이 무엇인지 쪽지에 적어 내라고 부탁한 적이 있다. 쪽지의 내용을 통계 내어 보았더니 '연설의 주제를 제대로 잡게 하는 것'이 교육과정의 초반부에 가장 자주 부딪히는 문제였다.

제대로 된 주제란 무엇일까? 생활하면서 겪은 것, 경험과 생각을 통해 당신 자신의 것이 된 것이라면 제대로 된 주제라고 믿어도 좋다. 그렇다면 어떻게 주제를 찾을까? 기억과 배경을 뒤져 당신에게 강렬한 인상을 남긴 인생의 중요한 사건을 찾아내면 된다. 몇 년 전 우리는 수강생들을 상대로 청중의 관심을 끌 수 있는 주제들을 조사해보았다. 그 결과 청중이 가장 좋아하는 주제는 개인의 생활 이면에 감춰진 매우 한정된 영역에 관련된 주제라는 사실이 밝혀졌다.

어린 시절과 성장 과정

가족과 어린 시절의 기억, 학창 시절을 다룬 주제는 거의 틀림없이 흥미를 끈다. 왜냐하면 대부분 사람들이 타인의 인생 역정이라든지 그들이 성장 환경에서 겪은 어려움을 어떻게 극복했는지에 관심이 많기 때문이다.

가능하면 어린 시절 이야기를 예로 들어라. 어린 시절 세상의 도전에 부딪힌 이야기를 다룬 연극이나 영화, 소설이 인기가 있다는 사실은 그것이 연설의 주제로도 가치 있음을 증명해준다. 그런데 내 어린 시절 경험담이 다른 사람에게도 관심이 있을 거라고 어떻게 확신할 수 있을까? 여기 한 가지 시험할 수 있는 방법이 있다. 만약 세월이 지났는데도 기억 속에 또렷이 떠오르는 어떤 일이 있다면 거의 틀림없이 청중의 흥미를 사로잡을 것이다.

전진하기 위해 분투했던 젊은 시절 이야기

이것 또한 사람들의 호기심이 집중되는 부분이다. 젊은 시절 세상에 족적을 남기기 위해 시도했던 일들을 언급함으로써 사람들의 관심을 붙들어둘 수 있다. 당신은 어떻게 해서 특정 직업을 얻고 특정 분야에 뛰어들었는가? 어떤 상황 변화를 계기로 지금의 직업으로 전직을 했는가? 당신의 좌절과 희망, 경쟁 사회에서 자신의 입지를 세웠을 때 얻은 성취감에 대해 이야기하라. 겸손함을 잃지 않는 한 그가 들려주는 실제 삶의 이야기는 거의 틀림없이 청중의 관심을 끈다.

취미와 여가생활

이런 화젯거리는 지극히 개인적인 영역이라서 사람들의 관심을 모을 수 있다. 당신이 순수하게 즐거워서 하는 일에 대해 말한다면 잘못될 리가 없다. 마음에서 우러나와서 열정을 쏟는 특정한 취미생활은 어떤 청중에게든 다가갈 수 있는 주제이다.

특정한 분야의 지식

한 분야에서 오랫동안 일을 하고 노력하면 그 분야의 전문가가 된다. 오랜 세월 경험하고 연구해 온 직업과 일에 대해 이야기하면 틀림없이 존경과 관심을 받을 수 있다.

색다른 경험

위대한 인물을 만난 적이 있는가? 전쟁의 포화에 휩싸인 적이 있는가? 인생에서 정신적인 위기를 겪은 적이 있는가? 이런 경험들도 좋은 이야기 소재가 된다.

신념과 신조

아마 당신은 오늘날 세계가 직면한 중요한 문제에 대해 고민하고 자신의 입장을 정리하느라 많은 시간과 노력을 기울였을 것이다. 만약 중요한 이슈를 연구하느라 많은 시간을 쏟아부었다면, 그 이슈에 관해 말할 자격이 있다. 다만 그 신념을 뒷받침할 수 있는 구체적인 사례를 들 수 있어야 한다. 청중은 일반화로 가득한 연설은 듣고 싶어 하지 않는다. 부디 이런 화제로 연설을 준비할 때 신문 기사 몇 개를 훑어보면 될 것이라고 생각하지 마라. 만약 당신이 청중석에 앉은 누구보다 조금 더 아는 정도라면 이런 주제는 피하는 것이 상책이다. 반면에 오랫동안 관심을 갖고 공부해온 주제라면 틀림없이 당신에게 부탁해야 하는 주제이다. 어떻게든 그 주제를 이용하라.

앞서 강조했듯이 연설 준비는 단순히 기계적으로 메모지에 몇 글자를 끼적여두거나 문장을 줄줄 외우는 일이 아니다. 책이나 신문 기사를 빠르게 훑어보고 거기에 나온 아이디어를 간접적으로 인용하는 것도 아니다. 당신의 머릿속과 마음을 깊이 파고들어서 그곳에 축적된 인생의 중요한 신념을 몇 가지 끄집어내는 것이다. 정말 거기에 재료가 있을까 하고 절대 의심하지 마라. 거기에 있다. 그곳에 풍부하게 축적되어서 당신이 발견해주기만을 기다리고 있다. 너무 개인적인 일이라 청중에게 들려주기에는 하찮은 것 같아 퇴짜놓는 일이 없게 하라. 나는 그런 연설을 들을 때 아주 즐거웠고 깊이 감명받았다. 전문적인 연사가 들려주는 연설보다도 더욱 재미있고 감동적이었다.

당신이 말할 자격이 있는 주제에 관해 이야기할 때만이 대중 연설을 쉽고 빠르게 배우는 데 필요한 두 번째 조건을 충족시킬 수 있다. 그 조건은 다음과 같다.

둘째, 당신의 주제에 대해 흥분할 수 있어야 한다

당신과 내가 말할 자격이 있는 화제라고 해서 반드시 그 주제에 흥분하는 것은 아니다. 예를 들어, '스스로 하기' 신봉자인 나는 분명히 설거지에 관해 말할 자격이 있다. 하지만 그 주제에 대해서는 별로 신이 나지 않는다. 솔직히 말해 거의 잊고 지낸다고 해도 과언이 아니다.

하지만 가정주부나 가전업계 직원이 이야기하면 똑같은 주제라도 훌륭한 연설이 된다. 그들은 죽을 때까지 해야 하는 설거지라는 일에 대해 마음속으로 뜨거운 분노가 들끓거나 귀찮은 이 일을 피하려고 기발한 방법을 생각해냈을 수도 있고 따라서 흥분이 될 것이다. 결과적으로 설거지라는 주제로 효과적으로 말할 수 있는 것이다.

당신이 선택한 화제를 사람들 앞에서 말해도 되는지 판단하는 데 도움이 되는 한 가지 질문이 있다. 만약 누군가 일어서서 당신의 의견을 정면으로 반박했을 때 확신과 열의를 갖고 자신의 입장을 고수할 자신이 있는가? 그렇다면 당신은 적합한 주제를 고른 것이다.

최근에 나는, 1926년 스위스 제네바에서 개최된 국제 연맹의 7차 총회에 참석한 후에 쓴 메모를 발견했다. 거기에는 이런 구절에 적혀 있었다.

'서너 명의 연사가 따분하게 적어온 원고를 읽은 뒤 캐나다의 조지 포스터 경이 연단에 올랐다. 나는 그가 메모지나 원고 없이 올라온 모습을 보고 대단히 뿌듯했다. 그는 거의 쉬지 않고 제스처를 썼다. 그의 심장은 하고 싶은 말로 가득 차 보였다. 우리에게 들려주고 싶은 이야기가 아주 많은 것 같았다. 그가 마음속에 간직한 신념을 청중에게 열렬히 전달하려고 노력한다는 사실은 창밖으로 보이는 제노바 호수만큼이나 분명했다. 내가 평소 수업시간에 강조하는 원칙들이 그의 연설

에 멋지게 투영되어 있었다.'

나는 종종 조지 경의 그때 연설을 떠올린다. 그는 진지했다. 그는 열렬했다. 머리로 생각할 뿐만 아니라 가슴으로 느끼는 화제를 선택해야만 이런 진정성이 분명하게 드러나는 것이다. 미국에서도 가장 역동적인 연사인 풀턴 쉰 주교는 젊은 시절에 그런 교훈을 깨달았다.

'나는 대학 시절에 토론부 회원으로 선발되었다.'

그는 자신의 책, 《인생은 살아볼 가치가 있다Life is Worth Living》에서 이렇게 말했다.

"노트르담 대학에서 토론 대회가 열리기 전날 밤 토론부 지도 교수가 나를 교수실로 불러 꾸중했다."

"자네는 아주 형편없네. 이 학교 역사상 자네보다 더 형편없는 토론자는 없을 걸세."

"그렇다면."

나는 변명하려고 애썼다.

"그렇게 제가 형편없다면 왜 저를 뽑으셨습니까?"

"그건 말이야."

그가 대답했다.

"자네에게는 사고력이 있기 때문이지. 말을 잘해서가 아니고. 저쪽으로 가서 자네가 할 연설의 한 구절만 연습해보게."

나는 그 구절을 한 시간 동안이나 읽고 또 읽었다. 잠시 후 교수가 물었다.

"어디가 잘못되었는지 알겠나?"

"아니요."

나는 다시 한 시간, 한 시간 반, 두 시간, 두 시간 반 연습을 했다. 그러다 나중에는 지쳐버렸다.

그때 교수가 말했다.

"아직도 뭐가 잘못되었는지 모르겠나?"

나는 그나마 이해력이 빠른 편이라 2시간 반 후에야 깨닫게 되었다. 나는 대답했다.

"알겠습니다. 진심이 담겨 있지 않았습니다. 저의 생각을 표현하지 않았습니다. 진실로 뜻하는 바를 말하지 않았습니다."

그때 쉰 주교는 평생 잊지 못할 한 가지 교훈을 배웠다.

'자기가 하는 말에 진심을 담아라.'

그는 자신의 연설 주제에 더욱 흥미를 느끼게 되었다. 그때야 현명한 교수가 말했다.

"자, 이제야말로 연설할 준비가 되었군!"

우리 강좌에 다니는 수강생이 "아무것에도 흥미가 없어요. 제 생활이 너무나 따분해서요."라고 말하면 강사는 여가 시간에 무엇을 하느냐고 묻게 되어 있다. 누구는 영화를 보러 가고, 누구는 볼링을 하고, 누구는 장미를 가꾼다고 한다. 어떤 수강생은 성냥갑을 모은다고 대답했다.

강사는 그에게 참으로 특이한 취미라며 질문을 계속해서 던졌고, 수강생의 말투는 점점 활기를 띠었다. 그는 곧 자신이 수집한 성냥갑을 설명하기 위해 제스처까지 썼다. 그는 강사에게 전 세계 거의 모든 나라의 성냥갑을 모았다고 자랑했다. 그가 자신이 좋아하는 화제를 점점 신을 내며 말하게 되었을 때 강사는 말을 중단시켰다.

"우리에게 이 주제로 강연을 해주면 어떨까요? 정말 재미있는 이야기가 될 것 같은데요."

그 수강생은 남들이 설마 성냥갑 따위에 흥미를 보일 거라고 생각하지 않았다고 했다.

여기 자신의 취미활동을 위해 열광적으로 몇 년을 바쳐온 사람이 있다. 하지만 그는 그 화제가 남에게 말할 만한 가치가 있는지에 대해서는 부정적이었다.

강사는 이 남자에게 어떤 주제가 흥미롭고 가치가 있는지 판단하는 유일한 방법은 스스로 그 화제에 흥미를 느끼는지 물어보는 거라고 힘주어 말했다. 그 수강생은 그날 저녁 진정한 수집가의 열정에 대해 이야기했고, 나중에는 여러 점심 식사 자리에 불려가서 성냥갑 수집에 대한 이야기를 들려주었다. 그는 곧 그 동네에서 유명 인사가 되었다.

이 사례는 대중 연설을 빠르고 쉽게 배우고 싶어 하는 사람들에게 조언하는 세 번째 원칙과 직결된다.

셋째, 청중이 공감하게 열렬하게 말하라

연설을 하려면 세 가지 요소가 갖추어져야 한다. 연사와 연설 또는 메시지, 그리고 청중이다. 앞에서 말한 두 가지 원칙은 연사와 연설 내용의 상호연관성을 다루었다. 그래서 여기까지는 아직 연설을 하는 상황이 아니었다.

연사가 살아 있는 사람들을 앞에 놓고 이야기를 해야 온전한 연설이 된다. 해야 할 이야기는 잘 준비되었을 것이다. 아마도 연사가 흥을 내는 화젯거리일 것이다. 하지만 완전하게 성공하려면 연사가 이야기를 할 때 또 다른 요소가 더해져야 한다.

연사가 말하는 내용이 청중에게도 중요한 이야기처럼 느껴져야 한다는 점이다. 연사는 자기의 화제에 흥분할 것이 아니라, 그 흥분을 청중에게도 전달하려는 열의가 있어야 한다. 역사상 탁월한 대중 연설가의 면면을 보면 백이면 백 세일즈맨 또는 복음 전도사(뭐라고 불러도 좋다)의 기질을 갖고 있다. 효과적인 연설가는 자신이 느끼는 것을 청중도 느끼게 하고, 자신의 관점에 청중도 동의하게 만들며, 자신의 신념을 청중에게 전하고 자신의 경험을 청중과 함께 즐기고 나누려는 욕구가 크다. 그는 어디까지나 청중 중심이지 절대 자기 중심적이지 않다. 그는 자기 연설의 성패를 자신이 결정하지 않는다. 그것은 어디까지나 듣는 사람의 이성과 감정이 판단할 일이다.

근검절약 운동이 벌어지던 때 나는 미국 은행가협회American Institute of Banking 뉴욕 지부의 직원들에게 화술 교육을 한 적이 있다. 그중에 특히 한 명은 청중 앞에서 도무지 입을 떼지 못했다. 내가 그 수강생을 돕기 위해 처음 취한 조치는 그가 자기 주제에 열의를 갖도록 이성과 감성에 불을 붙이는 일이었다. 나는 그에게 혼자 밖으로 나가 이 주제가 흥미로워질 때까지 생각해보라고 했다.

뉴욕의 상속법원 기록에 의하면 뉴욕 시민의 85퍼센트 이상이 죽을 때 아무 것도 남기지 않는다는 사실을 기억하라고 했다. 겨우 3.3퍼센트만 1만 달러 정도를 유산으로 남기는 셈이었다. 나는 또 그가 남한테 도와달라고 구걸을 하는 것도 아니고, 그가 할 수 없는 일을 대신 해달라고 애걸하는 것도 아니라는 점을 명심하라고 했다. 그리고 자신에게 이렇게 말하게 했다.

"나는 이 사람들이 노후에도 빵과 고기와 의복과 안락함을 누릴 수 있게 대비를 시키고 남은 아내와 자녀가 안정된 생활을 할 수 있게 준비해주려는 것이다."

그는 위대한 사회 복지를 이행하려고 밖으로 나간다는 사실을 잊지 말아야 했다. 즉, 십자군의 전사가 되어야 했다.

그는 이런 사실을 곱씹어서 생각했다. 그리고 머릿속에 주입시켰다. 그는 점차로 흥미를 느끼고 열의가 불타올랐으며 나중에는 자신의 소명처럼 여겼다. 그러고 나서 밖으로 나왔을 때 그의 말 한 마디, 한 마디는 확신에 차 있었다.

그는 사람들에게 근검절약의 혜택에 대해 열변을 토했다. 사람들을 돕고 싶은 욕구가 그만큼 절실했기 때문이었다. 그는 더 이상 사실로 무장한 연사가 아니었다. 사람들을 가치 있는 대의로 전향시키려는 전도사였다.

대중 연설 강사로 활동해오면서 나는 한때 교과서적인 원칙에만 의존했다. 지나치게 기계적인 웅변술로부터 벗어나지 못한 교사들한테서 배운 나쁜 습관들을 그대로 답습해서 가르쳤다.

나는 처음 배웠던 화술 강의를 절대 잊지 못할 것이다. 먼저 두 팔은 옆으로 편히 내려뜨리고, 손바닥은 뒤로 향하고, 손가락을 반쯤 쥐고, 엄지는 다리에 살짝 붙이라고 배웠다. 게다가 팔을 구부려 과장되게 추어올리고 손목을 멋들어지게 돌린 다음 가장 먼저 검지, 그다음 손가락, 맨 마지막으로 새끼손가락을 펴는 훈련도 받았다. 이런 심미적이고 장식적인 동작이 모두 끝나면 다시 곡선을 그리듯 팔을 내려 다리 옆에 붙였다. 이런 동작은 어색하고 꾸민 것처럼 부자연스러웠다. 실용적이거나 진솔해 보이지도 않았다.

나를 가르친 강사는 연설을 할 때 나만의 개성을 살리지 못하게 했다. 생명이 있는 정상적인 인간으로 열렬하게 대화를 나누는 것처럼 말하지 못하게 했다.

이런 기계적인 방법을 내가 이 장에서 설명한 세 가지 기본 원칙을 살려서 하는 화술 훈련과 비교해보라. 이 세 가지 원칙은 효과적인 말하기를 훈련시킬 때 내가 기본으로 삼는 방법이다. 앞으로도 이 책에서 수없이 만나게 될 것이다.

다음 세 장에서는 각각의 원칙을 자세하게 설명하려고 한다.

2부

연설, 연사 그리고 청중

Dale Carnegie

Chapter 4

말할 자격이 있는 말을 하라

아주 오래전에 한 철학 박사와 젊은 시절을 영국 해군에서 보낸, 거칠지만 노련한 남자가 뉴욕의 우리 강좌에 등록했다. 박사 학위를 가진 사람은 대학교수였다. 전직 바다 사나이는 작은 트럭으로 운송업을 하는 자영업자였다. 그러데 그 남자의 연설은 교수의 연설보다 훨씬 인기를 끌었다. 왜 그랬을까? 대학교수는 점잖은 영어를 썼다. 도시 출신에 교양도 있고 세련됐다. 그의 말은 언제나 논리적이고 명쾌했다. 하지만 중요한 한 가지가 빠져 있었다. 바로 구체성이었다. 그의 말은 모호하고 일반적이었다. 요점을 설명할 때 한 번도 개인적인 경험을 실례로 들지 않았다. 그의 연설은 추상적인 개념들을 가느다란 논리의 끈으로 연결시켜 늘어놓은 것에 지나지 않았다.

반면 트럭 운수업자의 언어는 명확하고 구체적이며 사실적이었다. 그는 일상적으로 겪는 사실을 이야기했다. 어떤 요점을 말한 뒤 자기가 사업하면서 겪은 일을 예로 들어 부연 설명을 했다. 사업하면서 만난 사람들 이야기며 법규를 지키느라 얼마나 골치가 아픈지 털어놓았다. 그가 쓰는 말투는 신선하고도 활기가 넘쳐서 매우 유익하면서도 흥미진진했다.

나는 이 사례를 자주 언급하는데, 대학 교수와 트럭 운송업자에 대한 편견을 조장하려는 것이 아니라, 풍부하고 다채로운 디테일이 연설에 대한 집중력을 얼마나 높여주는지 설명하기 위해서다. 연설을 할 때 청중의 관심을 확실히 끌 수 있는 방법이 네 가지가 있다. 당신이 연설을 준비할 때 이 네 가지를 염두에 둔다면 청중의 열렬한 관심을 끄는 일은 걱정하지 않아도 될 것이다.

첫째, 주제를 한정하라

일단 화젯거리를 정했으면 그다음 할 일은 당신이 다루고 싶은 분야에 울타리를 치고 철저히 그 울타리 안에만 머무르는 일이다. 울타리 너머에 있는 것까지 손을 대려는 실수를 범하지 말아야 한다. 어떤 청년은 2분 동안에 '기원전 500년의 아테네에서 한국 전쟁까지'라는 주제로 연설을 하려고 했다. 얼마나 헛된 짓인가. 그 청년은 아테네시가 건설된 후의 이야기는 하지도 못하고 자리에 앉아야 했다. 연설할 때 지나치게 많은 이야기를 하고 싶은 충동의 희생자 중 한 명이었다. 물론 이것은 극단적인 예이지만 그 정도까지는 아니더라도 같은 이유로 청중의 관심을 끄는 데 실패한 연설을 나는 수없이 들었다. 그들은 지나치게 많은 이야기를 했다. 그렇다면 왜 실패했을까? 우리의 머리는 무미건조하게 나열되는 사실들에 집중하기 어렵기 때문이다. 만약 당신의 이야기가 세계 연감처럼 들린다면 사람들의 주의를 오래도록 끌 수 없을 것이다. 이를테면 '옐로스톤 국립공원 여행'이라는 주제로 이야기를 한다고 치자. 대부분 사람들이 하나도 빠뜨리고 싶지 않은 욕심에 국립공원의 멋진 광경을 모두 설명하려고 한다. 청중은 어지러울 정도의 속도로 여기에서 저기로 휙휙 끌려다닌다. 그러면 결국 머릿속에는 폭포와 산, 간헐온천의 모습만이 희미하게 남는다. 그보다는 국립공원의 어느 한 부분, 예컨대 야생동물이라든지 온천만으로 이야기를 한정시키면 더욱 또렷하게 기억에 남지 않을까. 그러면 회화적인 세부묘사를 덧붙일 시간적 여유가 생기므로 생생한 색채와 다양함으로 옐로스톤 공원을 바로 눈앞에서 보는 듯 설명할 수 있을 것이다.

영업의 기술이든 케이크 굽기, 세금 감면, 탄도 미사일이든 주제가 무엇이라도 마찬가지다. 시작하기 전에 한계를 긋고 선택해야 한다. 주어진 시간에 맞춰 주제의 범위를 좁혀야만 한다.

5분 이내의 짧은 연설이라면 요점을 한두 개로 잡는 것이 적당할 것이다. 30분이 넘는 긴 연설일 때도 핵심 요점을 네다섯 개 이상 정하면 성공하기 어렵다.

둘째, 예비 능력을 길러라

어떤 사실을 파고드는 것보다 겉핥기만 하는 연설은 훨씬 하기 쉽다. 하지만 쉬운 길을 택하면 청중에게 전혀 또는 별로 감동을 주기 어렵다. 일단 이야기할 내용의 범위를 좁혔으면 그 다음 할 일은 그 주제를 더 깊이 이해하고 선택한 주제에 대해 책임 있게 말할 준비가 되었는지 자문하는 것이다.

"왜 나는 이 사실을 믿지?"

"이 요점이 실생활에서 입증된 예가 있었나?"

"어떻게 하면 더 정확하게 증명할까?"

"정확히 어떻게 해서 이런 일이 일어났었지?"

이렇게 질문하고 해답을 찾는 과정을 통해 준비된 능력, 사람들을 앉혀놓고 주목하게 만드는 능력을 얻을 수 있다. 식물학의 귀재로 일컬어지는 루터 버뱅크는 한두 가지 최상의 표본을 찾아내기 위해 백만 개의 식물 표본을 만들었다. 연설도 마찬가지다. 연설 주제를 위해 백 가지의 생각을 모은 다음 90가지를 버려라.

"나는 언제나 내가 사용할 것보다 10배, 가끔 100배 많은 정보를 모으려고 노력한다."

얼마 전에 존 건서(미국의 저널리스트 · 작가-역자주)는 이렇게 말했다. 베스트셀러 《인사이드Inside》 시리즈를 쓴 그는 책 한 권을 쓰거나 연설을 할 때 그런 식으로 준비를 한다.

특히, 이 경우에는 행동으로 그 말을 증명했다. 1956년 그는 정신병원에 관한 연재 기사를 준비하고 있었다. 그는 그런 시설을 방문해서 관리자라든지 간호사, 환자와 이야기를 나누었다. 내 친구 한 명이 그와 동행해서 조사를 하는 데 약간의 도움을 주었다. 그 친구가 말하길 그들은 수없이 계단을 오르내리고 복도를 왔다 갔다 하고 매일 이 건물 저 건물로 돌아다녔다. 건서는 빠짐없이 공책에 기록했다. 그러고는 사무실로 돌아와서 정부와 주정부의 보고서, 일반 병원 보고서, 위원회의 통계 기록까지 차곡차곡 쌓아두었다.

"결국, 그는 짧은 기사 네 편을 썼지. 그대로 연설 원고로 써도 좋을 만큼 간결하고, 일화도 풍부했다네. 아마 타이핑한 서류의 무게는 몇 온스밖에 안 됐을 거야. 하지만 그 몇 온스의 기사를 만들어내기 위해 그가 이용한 공책이며 이런저런 자료는 아마 20파운드는 될 걸세."

건서는 자기가 유망한 광맥을 캐고 있다고 생각했다. 그중에 어느 것도 무시해서는 안 된다는 것도 알고 있었다. 이런 일에 경험이 많은 그는 전념을 다 했고 결국 금덩어리를 찾아냈다.

외과의사인 내 친구가 이런 말을 했다.

"나는 자네에게 10분이면 맹장을 제거하는 법을 가르쳐줄 수 있네. 하지만 수술 도중 뭔가 잘못 되었을 때 어떻게 대처해야 하는지 가르쳐주려면 4년은 걸릴 걸세."

연설도 마찬가지다. 어떤 비상사태가 생기더라도 잘 대처할 수 있게 항상 준비가 되어 있어야 한다. 예를 들면, 앞에 나온 연사의 연설 내용 때문에 강조할 부분이 바뀐다든지, 연설이 끝난 후 토론 시간에 청중으로부터 날카로운 질문을 받는다든지 하는 비상사태가 생길 수 있다.

연설 주제를 빨리 정하면 그런 경우를 대비할 수 있다. 연설하는 날 하루이틀 전까지 미루지 마라. 일찌감치 화젯거리를 정하면 늘 잠재의식이 그에 맞춰 작동되기 때문에 헤아릴 수 없이 유리한 점이 많다. 하루 중 일을 하지 않을 때 아무 때나 연설 주제에 대해 생각하고 청중에게 전달하고 싶은 내용을 정리해둔다. 차를 타고 집에 올 때나 버스를 기다릴 때, 지하철을 기다리는 동안, 평소 같으면 몽상이나 하며 보냈을 시간에 연설 주제에 관해 생각하라. 이런 잠복기에 섬광처럼 번쩍이는 통찰력이 발휘될 수도 있다. 미리 화제를 정해둔 덕분에 나도 모르게 정신이 그에 맞춰 작용하기 때문이다.

정치적 견해가 다른 청중에게도 존경과 관심을 받는 뛰어난 연설가 노먼 토머스는 이렇게 말한다.

"어떤 중요한 문제에 관해 연설을 할 때 연사는 그 주제나 메시지를 줄곧 머릿속에 떠올리면서 이렇게도 생각해보고 저렇게도 생각해봐야 한다. 거리를 걷거나 신문을 읽을 때, 잠자리에 들 때, 놀랍게도 유용한 사례라든지 문제를 보는 다양한 시각이 떠오른다. 구태의연한 연설은 구태의연한 생각이 낳은 필연적인 결과이며, 주제를 제대로 이해하지 못한 결과이다. 이런 과정을 거치는 동안 당신은 연설 내용을 글자로 적고 싶은 충동을 느낄 것이다. 그러나 그래서는 안 된다. 그렇게 생각을 고정시켜 놓으면 그에 만족하기 쉽고 따라서 더 이상 건설적인 생각을 하지 않게 된다. 게다가 원고를 외워버릴 위험도 있다. 마크 트웨인이 이런 암기 증세에 관해 한 마디 했다. '생각을 글로 적어두는 것은 연설에 도움이 되지 않는다.' 그때 연설의 형식은 글이 된다. 글은 딱딱하고 융통성이 없어 혀를 통해 즐겁고 효과적으로 전달되지 못한다. 연설의 목적이 가르치려는 게 아니라 그저 즐거움을 주려는 것이면 유연하고 파격적이며 구어체로 해야 하고, 평소처럼 즉석에서 나오는 이야기가 되어야 한다. 그렇지 않으면 청중을 즐겁게 하기는커녕 지루함만 준다."

제너럴 모터스의 성장에 불을 붙인 독창적인 천재 찰스 케터링(미국의 발명가, 엔지니어, 사업가–역자주)은 미국 역사상 가장 유명하고 가슴이 따뜻한 연사였다. 그에게 연설 원고를 전부 또는 일부라도 작성해두느냐고 물었더니 이렇게 대답했다.

"내가 할 이야기는 대단히 중요해서 종이에 적을 수 없습니다. 차라리 내 전부를 던져 청중의 머리와 가슴에 쓰려고 하죠. 나와 청중 사이에 종이쪽지는 필요하지 않습니다."

셋째, 연설 내용에 실례와 증거를 가득 넣어라

루돌프 플레슈는 저서《술술 읽히는 글짓기의 기술Art of Readable Writing》에서 한 장을 이런 말로 시작한다.

'정말로 재미있게 읽히는 것은 이야기뿐이다.'

그러고 나서 그는 이 명제가 〈타임스〉지와 〈리더스 다이제스트〉의 기사에 어떻게 적용되고 있는지 보여준다. 많은 발행 부수를 자랑하는 이들 잡지에 실린 기사는 대개 이야기를 들려주는 식으로 쓰였거나 곳곳에 일화가 풍부하게 실려 있다. 사람들의 이목을 끄는 이야기의 힘은 잡지 기사를 쓸 때뿐만 아니라 연설을 할 때도 마찬가지 위력을 발휘한다.

라디오와 텔레비전을 통해 수많은 사람들에게 설교를 들려주는 노먼 빈센트 필은 연설에서 주제를 뒷받침할 때 가장 좋아하는 방식이 실례를 드는 거라고 한다. 언젠가 계간지 〈스피치 저널〉과의 인터뷰에서 그렇게 말했다.

"내가 아는 한 자기 생각을 명확하고 흥미롭고 설득력 있게 주장하는 가장 좋은 방법은 실례를 드는 것이다. 나는 중요한 논점을 뒷받침할 때 다양한 실례를 든다."

이 책의 독자들도 내가 메시지나 논점을 전개시키기 위해 다양한 일화를 이용한다는 사실을 금방 눈치챘을 것이다.《데일 카네기 인간관계론How to Win Friends and Influence People》에 나오는 원칙들도 기껏해야 한 쪽 반 정도에 열거하면 족할 분량이다. 나머지는 사람들이 그 원칙을 어떤 식으로 유익하게 이용했는지 보여주는 이야기와 실례들로 이루어졌다.

인간미가 넘치게 하라

한번은 파리에 살고 있는 미국인 사업가들에게 '성공하는 법'에 관해 이야기를 해달라고 청했다. 그랬더니 대부분 추상적인 특징을 열거하며, 열심히 일하고 끈기와 야망을 갖는 것이 중요하다는 식으로 설교 비슷하게 말했다.

나는 그들의 이야기를 제지하고 이렇게 말했다.

"우리는 강의를 듣고 싶은 게 아닙니다. 그런 얘기는 아무도 좋아하지 않습니다. 이야기는 재미있어야 한다는 점을 명심하십시오. 그렇지 않으면 무슨 이야기를 하든 주의 깊게 듣지 않습니다. 세상에서 가장 재미있는 이야기가 뭔지 아십니까? 그럴듯하게 승화시키고 미화시킨 가십입니다. 그러니 우리에게 여러분이 알고 있는 사람들 이야기를 들려주십시오. 왜 누구는 성공하고, 누구는 실패했는지 말입니다. 그런 이야기라면 기꺼이 듣고 기억할 것이며 유익한 교훈을 얻을 것입니다."

청중의 호기심을 끌어내는 것은 물론이고 본인도 몰입하기 어려워하던 한 수강생이 있었다. 그런데 어느 날 인간적인 호기심을 끌어내는 방법을 깨우쳤고, 우리에게 대학 시절 친구 두 명에 관한 이야기를 들려주었다. 한 친구는 워낙 알뜰해서 시내의 여러 가게를 돌며 꼼꼼하게 따져서 셔츠를 구입하고 어디에서 산 셔츠가 세탁이 잘되고, 오래 입으며, 투자한 돈에 비해 가장 실속이 있는지 표로 만들 정도였다. 그는 언제나 푼돈에도 연연했다. 하지만 졸업했을 때-그는 공대생이었다-자신을 어찌나 높게 평가했는지 다른 졸업생들처럼 밑바닥부터 시작해서 위로 올라갈 생각이 전혀 없었다. 심지어 3년 후 학과의 연례 동창회에 나왔을 때도 그는 여전히 셔츠의 세탁 목록이나 만들며 수중에 아주 특별한 게 떨어지기만 기다리고 있었다. 하지만 그런 날은 결코 오지 않았다. 25년이 지난 지금까지도 그는 삶에 만족하지 못하고 열의도 없이 하찮은 위치에서 벗어나지 못하고 있다.

그러고 나서 그 수강생은 그 실패담과 대조적으로 모두의 예상을 뛰어넘은 또 한 친구 이야기를 들려주었다. 그 친구는 붙임성이 좋아서 모르는 사람들과도 잘 어울리는 편이었다. 모두가 그를 좋아했다. 그는 훗날 큰일을 해보겠다는 야망을 품고 있었지만, 우선 기능공부터 시작했다. 하지만 항상 기회를 엿보았다. 때마침 뉴욕 세계 박람회가 개최된다는 계획이 발표되었다. 그 친구는 그곳에 기술자가 필요할 거라고 생각하고는 필라델피아의 직장을 그만두고 뉴욕으로 갔다. 그곳에서 동업자를 구해 공사 하청업체를 차린 뒤 통신회사에서 많은 일감을 따냈다. 그는 나중에 막대한 월급을 받고 그 통신 회사에 채용되었다.

이는 그 수강생이 들려준 이야기를 대충 요약한 것이다. 실제로는 재미있고 호기심을 끄는 세세한 묘사로 훨씬 흥미진진하고 실감이 났다. 평소에는 3분짜리 연설 소재도 찾기 어려워하던 그는 계속 이야기를 했고, 이야기를 끝냈을 때 자신이 10분이나 사람들 앞에 서 있었다는 사실에 자신도 매우 놀랐다. 그의 이야기가 어찌나 재미있었는지 모두 짧게 느껴질 정도였다. 그것은 그에게 진정한 첫 번째 승리였다.

누구나 이 이야기에서 얻는 바가 있을 것이다. 평범한 이야기도 인간미가 넘치는 일화가 곁들여지면 훨씬 호소력이 커진다. 연사는 몇 가지 논점만 말하고 구체적인 사례를 들어 주장하는 방법이 바람직하다. 이런 이야기 방식은 거의 실패 없이 사람들의 관심을 집중시킬 수 있다.

물론 인간적인 호기심을 끄는 이야기의 원천은 자신의 경험이다. 그 경험을 주저하지 말고 말하라. 청중이 연사의 개인적인 이야기를 싫어하는 경우는 무례하고 이기적인 태도로 말할 때뿐이다. 그렇지만 않으면 연사의 사적인 이야기에 대단히 흥미를 느낀다. 따라서 관심을 끌 수 있는 가장 확실한 방법이다. 결코 소홀히 여기지 마라.

이름을 사용하여 현실감 있는 이야기로 만들어라

어쩔 수 없이 다른 사람이 관련된 이야기를 할 때는 그 사람의 이름을 사용하라. 혹시 그 사람의 신원을 보호해주어야 한다면 가공의 이름이라도 써라. '스미스 씨'나 '조 브라운'처럼 보통명사처럼 쓰이는 이름도 '이 남자'나 '이 사람'이라고 하는 것보다 훨씬 실감이 난다. 루돌프 플레슈는 다음과 같이 말했다.

"이름을 붙이는 것보다 이야기에 현실감을 줄 수 있는 방법도 없다. 다시 말하면 익명만큼 비현실적인 것도 없다. 주인공의 이름이 없는 소설을 상상해보라."

만일 당신의 이야기가 구체적인 이름과 인칭대명사로 가득하다면 틀림없이 청중의 귀를 잡아끌 수 있을 것이다. 당신의 이야기에 인간적인 호기심이라는 값비싼 양념이 들어 있기 때문이다.

세부 묘사로 이야기를 구체적으로 만들어라

당신은 이렇게 말할 것이다.

"좋은 말이기는 한데 어떻게 해야 내 이야기에 세부 묘사가 충분히 들어갔다고 확신할 수 있을까요?"

여기 한 가지 검증 방법이 있다. 기자가 기사를 쓸 때 따르는 다섯 가지 원칙을 적용시켜 보는 것이다. '언제?', '어디에서?', '누가?', '무엇을?', '왜?' 이 다섯 가지 질문에 대답해보라. 만약 이 원칙에 따라 이야기를 한다면 당신이 든 실례는 생명과 색깔을 갖게 될 것이다. 내가 쓴 기사를 예로 들어 설명해보겠다. 〈리더스 다이제스트〉에 기고한 글이다.

'나는 대학을 졸업한 뒤 2년 동안 아모르 앤 컴퍼니의 영업사원으로 사우스다코타를 누비고 다녔다. 화물열차를 타고 다니며 내 담당 구역을 관할했다. 어느 날, 남쪽으로 가는 기차를 타기 위해 2시간을 기다리느라 사우스다코다 주의 레드필드에 머물게 되었다. 레드필드는 내 담당 구역이 아니었기 때문에 시간을 들여 세일즈를 할 필요가 없었다. 나는 그때 1년 안에 뉴욕의 극예술 미국아카데미에서 공부하려는 계획을 세워놓고 있어서 여가 시간을 이용해 연극 연습을 하기로 작정했다. 역 앞을 어슬렁거리며 맥베스의 한 장면을 연기했다. 두 팔을 벌리고 감정을 넣어서 소리쳤다.

'눈앞에 보이는 이것이 단도이냐, 자루가 내 손을 향했는데? 자, 잡아보자. 손에 넣지는 못해도 여전히 보인다.'

내가 그 장면에 푹 빠져있는데 경찰 넷이 달려와서 왜 길 가는 숙녀들을 놀라게 하느냐고 따져 물었다. 그들이 나를 열차 강도죄로 체포하려고 했어도 그보다는 놀라지 않았을 것이다. 경찰의 말에 따르면 어떤 주부가 1미터쯤 떨어진 자신의 부엌 커튼 뒤에서 나를 지켜보고 있었다고 한다. 그녀는 이런 공연을 한 번도 본 적이 없었다. 그래서 경찰한테 신고했는데, 경찰이 다가왔을 때 내가 단도 어쩌고저쩌고하는 소리를 들었던 것이다.

나는 그들에게 셰익스피어의 연극을 연습하고 있었다고 말했다. 하

지만 내가 근무하는 아모르 앤 컴퍼니사의 주문장을 보여주기 전까지는 풀어주지 않으려고 했다.'

이 일화가 위에서 말한 다섯 가지 원칙에 맞게 설명되었는지 보라.

물론 지나치게 자세하면 안 하느니만 못하다. 피상적이고 무의미한 내용을 너무 길고 장황하게 늘어놓으면 따분함을 준다. 내가 사우스다코타 시내에서 자칫 경찰한테 끌려갈 뻔했던 사건을 기본적인 다섯 가지 질문에 맞춰 간결하고 정확하게 서술했는가? 너무 자세한 이야기를 늘어놓으면 청중은 완전히 집중하지 않고 당신의 이야기를 걸러서 들을 것이다. 걸러서 듣는 것은 집중하지 않는 것만큼이나 가혹하다.

대화를 넣어 이야기를 극적으로 만들어라

인간관계의 법칙 한 가지를 이용해서 격분한 고객을 달래는 데 성공한 사례를 든다고 치자. 당신은 이런 이야기를 할 수 있다.

"어느 날 한 남자가 사무실로 찾아왔습니다. 그는 겨우 1주일 전에 집으로 배달되어 온 가정용 세탁기가 제대로 작동되지 않아 매우 화가 나 있었습니다. 저는 그에게 우리가 취할 수 있는 조치를 모두 취해 문제를 해결하겠다고 말했습니다. 잠시 후에 그는 안정을 되찾았고 최선을 다해 수리하겠다는 우리의 말에 만족한 듯 보였습니다."

이 일화는 제법 구체적이라는 한 가지 장점은 있지만 등장하는 사람의 이름이라든지 자세한 묘사가 부족하고 무엇보다 사건을 실감 나게 해주는 실제 대화가 빠져 있다. 부족한 부분을 첨가하면 이렇게 된다.

"지난 화요일 누가 사무실 문을 쾅쾅 두드리기에 고개를 들어보니, 단골 고객인 찰스 블렉섬이라는 사람이 잔뜩 화가 난 표정을 짓고 있는 게 아닙니까? 그에게 앉으라고 말할 시간도 없이 그가 고함을 질렀습니다. '에드, 더 이상 못 참겠소. 당장 트럭을 보내어 우리 집 지하실에 있는 세탁기를 실어가시오.' 나는 그에게 무슨 일인지 물어봤습니다. 그가 얼른 대답했습니다. '세탁기가 작동이 안 돼요. 빨래가 모두 엉키고, 마누라는 분통이 터져서 몸져누웠소.' 나는 그에게 앉으라고 한 뒤 더 자세한 이야기를 물어보았습니다. '앉고 자시고 할 시간도 없어요. 회사에 지각하기는 싫으니. 처음부터 여기 와서 사는 게 아니었는데! 정말이오, 내가 또다시 사면 성을 갈겠소.' 그가 손바닥으로 책상을 내리쳤는데 하필 제 아내의 사진이었습니다. '잠깐만요, 찰리, 여기 앉아서 내 설명을 들어주면 원하는 대로 해주겠다고 약속하죠.' 그래서 그는 자리에 앉았고, 우리는 차분하게 얘기를 나눴습니다."

연설에 대화를 끼워 넣는 것이 항상 가능하지는 않다. 하지만 방금 예로 든 일화처럼 직접 인용한 대화 내용은 듣는 사람에게 실감 나는 느낌을 준다. 연사에게 흉내 내는 재주가 있고 당시 현장에서 말했던 대로 할 수 있으면 대화는 더욱 효과적일 것이다. 또한, 대화를 인용하면 연설이 아니라 일상적인 대화 같은 느낌을 준다. 지식인들의 모임에서 원고를 읽는 현학자나 마이크를 잡고 외치는 웅변가가 아니라, 저녁 식탁을 마주하고 대화를 나누는 것처럼 들린다.

말하는 내용을 행동으로 보여줌으로써 시각화하라

심리학자들이 말하기를 우리가 얻는 지식의 85퍼센트 이상은 시각적인 인상을 통해 흡수된다고 한다. 이 말은 텔레비전이 광고나 엔터테인먼트 도구로 가진 막대한 효용성을 설명하는 근거이기도 하다. 대중 연설 또한 청각적인 예술이면서 동시에 시각적인 예술이다.

연설할 때 디테일을 풍부하게 만드는 좋은 방법 중에 하나는 '시각적으로 보여주기'를 곁들이는 것이다. 골프 스윙하는 방법은 몇 시간을 들여 말로 설명할 수 있지만 나 같으면 금방 따분하게 느껴질 것이다. 하지만 일어서서 공을 페어웨이로 날릴 때 몸동작을 어떻게 하는지 보여주면 나는 눈과 귀를 모두 열어놓는다. 마찬가지로 팔과 어깨를 이용해서 비행기가 흔들리는 모습을 표현하면 죽을 뻔했던 당신의 이야기에 더욱 관심을 기울일 것이다.

나는 산업 근로자들을 상대로 한 강좌에서 들었던 연설을 잊지 못한다. 이른바 시각적인 디테일을 살린 명품 연설이었다. 연사는 감독관과 능률 향상 기사들을 유쾌하게 조롱했다. 그들이 고장 난 기계를 검사하는 기사 특유의 몸짓이라든지 독특한 버릇을 흉내 냈는데 텔레비전 코미디보다도 재미있었다. 게다가 시각적인 세부 묘사라 연설을 더 오래 기억하게 해주었다. 나뿐만 아니라 다른 수강생들도 잊지 못하고 두고두고 화제로 삼을 것이 분명하다.

"이야기를 할 때 어떤 식으로 시각적인 묘사를 할까?"

이렇게 자문해보는 것은 현명한 일이다. 그런 다음 실제 행동으로 해보여라. 옛 중국 속담에도 있듯 한 장의 그림이 만 마디 말보다 낫다.

넷째, 그림이 떠오르게 구체적이고 친근한 단어를 구사하라

모든 연사의 일차적인 목표라고 할 수 있는 청중의 관심을 끌고 유지하는 데 도움이 되는 중요한 테크닉 또는 수단이 있다. 평범한 연사는 잘 모르는 영역이다. 아마 의식적으로 생각해본 적도 없을 것이다. 그것은 바로 그림이 떠오르게 하는 단어를 적절히 사용하는 것이다. 청중의 귀를 붙들어놓는 연사는 눈앞에 이미지가 둥둥 떠다니게 하는 연사이기도 하다. 애매하고 상투적인 말, 무채색의 상징들을 사용하는 연사는 청중을 꾸벅꾸벅 졸게 만든다. 그림, 그림, 그림들. 그림은 우리가 호흡하는 공기처럼 얼마든지 공짜로 쓸 수 있다. 이야기와 대화 속에 그림을 넣으면 훨씬 흥미롭고 머릿속에 오래 남는다.

허버트 스펜서는 저명한 에세이《문체의 철학Philosophy of Style》에서 더욱 선명한 그림을 떠오르게 하는 데 탁월한 표현법에 대해 논했다.

'우리는 총체적이 아닌 특정적으로 사고한다. 따라서 이런 문장을 피해야 한다. 국가의 관습, 풍습, 오락거리가 잔인하고 야만적이면 그만큼 형법전서의 규칙은 엄격해진다!'

이 문장은 대신 이렇게 써야 한다.

'그 나라의 백성이 전투나 투우, 검투사의 결투를 즐길수록 교수형이라든가 화형, 고문 같은 형벌로 죄인을 다스린다.'

그림이 떠오르게 하는 문장은 성경이나 셰익스피어의 작품을 보면 사과주스 공장에 우글거리는 벌떼만큼 많이 있다. 예를 들어, 어떤 평범한 작가는 완벽한 상태를 더 완벽하게 하려고 노력하는 것을 고작해야 '초완벽'이라고 밖에 표현하지 못할 것이다. 그런데 셰익스피어는 어떻게 표현했을까?

'순금에 금박을 입히고, 수선화에 그림 물감을 칠하고, 바이올렛에 향수를 뿌리다.'

그림이 떠오르는 듯한 셰익스피어의 문장은 영원불멸할 것이다.

세대가 지나도 잊히지 않고 내려온 속담이 대부분 시각적인 표현법을 쓰고 있다는 사실을 알고 있는가?

'내 손 안의 새 한 마리가 숲 속의 두 마리보다 낫다.'

'비가 들어붓는다.'

'말을 물가에 끌고 갈 수는 있어도 억지로 물을 먹일 수는 없다.'

뿐만 아니라 수 세기 동안 이어져 내려오는 바람에 너무 많이 써서 낡고 진부해진 비유에도 이런 회화적인 요소가 있다.

'늑대처럼 교활하다.'

'대문의 대못처럼 전혀 꼼짝하지 않는'

'팬케이크처럼 납작한'

'바위처럼 단단한'

링컨은 연설할 때 언제나 시각적인 표현을 사용했다. 그는 백악관 책상에 올라오는 장황하고 복잡하고 형식적인 보고서가 짜증이 났다. 그래서 무미건조한 표현이 아니라, 기억에 남을 만한 시각적인 표현으로 그에 대한 불만을 표시했다.

"나는 말을 한 필 사러 사람을 보냈을 때 말꼬리의 털이 몇 가닥인지까지 듣고 싶은 게 아니다. 그저 요점만 알고 싶다."

당신의 시선이 명확하고 구체적인 것에 끌리게 하라. 머릿속 그림이 지는 해를 등지고 선 수사슴 뿔의 그림자처럼 더 선명하고 정확하게 돋보이도록 그려라. 예를 들어, '개'라는 단어만 말하면 코커스패니얼인지 스코틀랜드테리어를 말하는지 아니면 세인트버나드인지 포메리안인지 알 수 없어 다소 모호한 그림이 떠오른다. 그런데 연사가 '불도그'이라고 하면 당신의 머릿속에는 더 명확한 이미지가 떠오른다. '개'에 비해서는 덜 포괄적이다. 그런데 만약 '얼룩무늬 불도그'이라고 하면 더 명확한 그림이 떠오르지 않는가? 마찬가지로 그냥 '말'보다는 '검은색 셰틀랜드 조랑말'이라고 하면 어떤가? 더욱 생생한 이미지가 떠오르지 않는가? '다리가 부러진 흰색의 밴텀 수탉'이라고 하는 게 그저 '닭'이라고 할 때보다 훨씬 명확하고 생생한 그림이 그려지지 않는가?

윌리엄스 트렁크 2세는 저서《영어 글쓰기의 기본The Elements of Style》에서 이렇게 말했다.

'글쓰기 기법을 배운 사람들 사이에 의견의 일치를 본 한 가지는 이 점이다. 독자의 관심을 불러일으키고 유지하는 가장 확실한 방법은 구체적이고 확실하며 정확하게 묘사하는 것이다. 호머나 단테, 셰익스피어 같은 위대한 작가들은 구체적이고 독특한 문체로 자세하게 묘사하고 있기 때문에 널리 사랑을 받는다. 그들의 어휘는 눈앞에 그림이 떠오르게 한다.'

이는 글쓰기뿐만 아니라 말하기에도 해당하는 사실이다.

나는 몇 년 전 효과적인 화술을 가르치는 강좌에서 사실적인 표현에 관한 실험을 했다. 수강생에게 말하는 문장마다 사실 또는 적절한 명사와 숫자, 또는 날짜를 말하도록 규칙을 정한 것이다. 결과는 획기적이었다. 수강생들은 구체적이지 않은 표현을 서로 지적하기 게임을 했다. 오래되지 않아 수강생들은 이야기를 할 때 청중의 머리 위를 둥둥 떠다니는 모호한 단어 대신 거리에서 들을 수 있는 명확하고 활기찬 표현을 쓰기 시작했다.

"추상적인 문체는 언제나 나쁘다. 당신의 문장은 돌과 금속, 의자, 테이블, 동물, 남자, 여자 같은 단어로 가득해야 한다."

프랑스의 철학자 알랭은 이렇게 말했다.

일상적인 대화에서도 마찬가지다. 사실 대중 연설을 할 때 자세하게 표현하라고 강조한 내용은 일상적인 대화에도 적용된다. 대화를 빛나게 하는 것은 자세한 묘사이다. 대화를 더 효과적으로 하고 싶은 사람은 이 장에서 조언한 내용을 따르면 도움이 될 것이다.

이야기에 생기를 불어넣는 법

제1차 세계대전 직후, 나는 런던에서 로웰 토머스(미국의 작가, 방송인, 여행가-역자주)와 함께 일했다. 로웰은 당시 앨런비(영국의 군인, 제1차 세계대전 때 중요한 역할을 함-역자주)와 아라비아의 로렌스를 소재로 한 명강의로 연일 객석을 만원으로 채우고 있었다. 어느 일요일이었다. 나는 하이드파크의 대리석 아치 정문 근처를 어슬렁거렸다. 그곳은 법의 구애를 받지 않고 다양한 신조와 인종, 다양한 정치적, 종교적 신념을 가진 연사들이 자신의 견해를 피력할 수 있는 곳이었다. 나는 교황의 무오성(無誤性. infallibility)에 관한 신조를 말하는 한 가톨릭 신자의 이야기를 한참 듣다가 사회주의자는 칼 마르크스에 대해 어떻게 말해야 하는가를 주제로 목청을 높이고 있던 다른 무리에게로 발걸음을 옮겼다. 이어서 또 다른 연사에게로 갔는데, 그는 남자가 왜 네 명의 아내를 두는 게 지당한지 설명하고 있는 게 아닌가! 나는 뒤로 저만치 물러나서 그 세 그룹을 번갈아 보았다.

그런데 당신이라면 믿겠는가? 일부다처제에 관해 말하는 남자의 청중 수가 가장 적었다! 몇 명 안 됐다. 반면에 나머지 두 연사를 둘러싼 사람들의 수는 시간이 갈수록 늘어났다. 나는 스스로 물어보았다. 왜 그럴까? 화제의 차이 때문이었을까? 나는 그렇게 생각하지 않는다. 내가 지켜본 바로는 연사들에게 차이가 있었다. 네 명의 아내를 두는 게 유리하다고 말하는 남자는 그 자신이 네 명의 아내를 갖는 일에 별 흥미가 없어 보였다. 하지만 다른 두 연사는 거의 상반되는 견해를 말하고 있었는데 각자 자기 주제에 완전히 몰입해 있었다. 그들은 열과 성을 다해 말하고 있었다. 팔 동작도 인상적이었다. 음성에는 확신이 넘쳐흘렀다. 두 사람의 얼굴은 열의와 활기로 빛이 났다.

활기와 생기와 열의, 이런 것들이야말로 최고의 강점이다. 나는 항상 이것들이 연사의 필수 덕목이라고 생각해왔다. 열정적인 연사 주위에는 가을밀밭에 몰려드는 야생 칠면조처럼 청중이 몰려들게 마련이다.

어떻게 하면 활기 넘치게 이야기를 해서 청중의 관심을 유지할 수 있을까? 나는 이 장에서 연설을 열정적이고 흥미진진하게 만드는 세 가지 중요한 조건을 소개할 것이다.

첫째, 진지하게 생각하는 주제를 골라라

3장에서는 자신의 화제에 각별한 감정을 갖는 것이 중요하다고 강조했다. 연사가 말하려는 주제에 심정적으로 동감하지 않으면 청중이 그 메시지를 수용할 거라고 기대하지 않는 편이 낫다. 취미라든지 여가생활처럼 오랫동안 체험을 했다거나 깊이 생각했다거나 개인적으로 관여된 일이라서 관심이 있는 (예컨대 자신이 속한 지역사회에 더 나은 학교가 필요하다는 등) 화제를 선택하면 신이 나서 말하는 데 별 어려움이 없을 것이다. 진지함이 얼마나 큰 설득력을 가졌는지 20년 전 뉴욕에서 개최했던 나의 강좌에서 들었던 이야기보다 더 생생한 증거도 없을 것이다. 설득력 있는 연설을 많이 들은 나지만 그때 들었던, 이른바 '잔디스 대 호두나무 재 사건'이라고 부르는 연설만큼 열성이 상식을 이긴 예는 아직 없었다.

뉴욕의 유명한 판매회사에서 잘나가는 영업사원이 씨나 뿌리 없이 잔디를 키워본 적이 있다는 터무니없는 주장을 했다. 그의 이야기에 따르면 갓 갈아놓은 땅에 호두나무 재를 뿌리고 주문을 건다.

"푸른 잔디야 자라나라! 얍!"

그는 히코리 나무 재만 있으면 잔디를 자라나게 할 수 있다고 굳게 믿고 있었다.

그의 연설이 끝난 후, 나는 그 발견이 사실이라면 백만장자가 될 거라고 말해주었다. 잔디 씨앗은 1부셸에 2~3달러나 하기 때문이었다. 또한, 그에게 역사상 뛰어난 과학자로 이름을 날리게 될 거라고 말했다. 그러면서 고인이 되었거나 현존하는 과학자를 통틀어서 누구도 그가 성공했다고 주장하는 그런 기적을 행하지는 못했다고 덧붙였다. 도대체 생명이 없는 물건에서 생명을 만들다니 가당키나 한 일인가.

나는 아주 조용히 그렇게 말했다. 그의 잘못은 반박할 가치도 없이 너무나 뻔하고 어처구니가 없기 때문이었다. 내가 그 말을 했을 때 다른 수강생들은 그의 장담이 터무니없다고 생각했지만, 당사자인 영업사원은 절대로 수긍하지 않았다. 그는 자신의 견해에 지나칠 정도로 진지했다. 벌떡 일어나더니 자신이 틀리지 않았다고 반박했다. 자신은 이론을 말한 게 아니라 실제 경험을 말한 거라고 주장했다. 그는 자신이 무슨 말을 해야 할지 알고 있었다. 그는 먼저 주장했던 이야기를 부연 설명했고, 추가로 정보를 말하고 증거를 내놓으며 자신의 주장을 굽히지 않았다. 그의 목소리는 진지함과 성실함으로 꽉 차 있었다.

나는 거듭해서 그의 말이 옳을 가능성은, 대충이라도 맞을 가능성은, 아니 어쩌다 사실일 가능성은 털끝만큼도 없다고 했다. 잠시 후 그는 다시 일어나서 5달러를 걸고 내기를 해도 좋다고 하면서 농무부에 물어봐서 판결을 내리자고 했다.

그 후 어떻게 되었는지 아는가? 우리 수강생 몇 명이 그의 의견에 설득을 당했다. 물론 의심을 하는 수강생들도 많았다. 만약 내가 그것을 투표에 부쳤다면 수강생들의 절반 이상이 내 편을 들지 않았을 것이다. 나는 그들에게 어떤 이유로 원래 가졌던 생각이 흔들렸는지 물어보았다. 한 명, 한 명 말하는데, 역시 연사의 진지함과 믿음이었다. 그가 얼마나 열성적으로 말했던지 자기도 모르게 상식에 의심을 품게 된 것이다.

맹신하는 사람들의 표정을 보면서 나는 농무부에 편지를 쓸 수밖에 없었다. 그들에게는 말도 안 되는 질문을 해서 부끄럽다고 미리 양해를 구했다. 그리고 그들은 당연히 호두나무 재로 잔디나 그 밖에 살아 있는 생물을 얻는 것은 불가능하다는 답변을 보내왔다. 그러면서 똑같은 질문이 담긴 편지가 뉴욕에서도 왔다고 귀띔해주었다. 자신의 신념을 굳게 믿은 영업사원이 따로 편지를 보낸 것이다!

이 사건은 나에게 절대 잊지 못할 한 가지 교훈을 주었다. 연사가 어떤 문제를 진지하게 믿고 열성적으로 말하면 그의 대의에 동조하는 지지자를 얻을 수 있다는 사실이다. 설령 모래와 재로 푸른 잔디를 생겨나게 할 수 있다고 주장해도 말이다. 그럴진대 그 주장이 상식적이고 진실의 편에 서 있다면 그 신념은 얼마나 대단한 설득력을 지닐까!

모든 연사는 자신이 선택한 주제가 청중의 관심을 끌 수 있을지 궁금해 한다. 청중이 확실하게 흥미를 느끼게 만드는 방법은 단 한 가지다. 어떤 주제에 대해 당신의 열정이 활활 타오르게 하는 것이다. 그러면 다른 사람의 관심을 붙들어두는 것도 어렵지 않을 것이다.

얼마 전에 나는 볼티모어에 있는 우리 강좌의 수강생이 만약 체서피크 만에서 현재의 방법으로 계속해서 볼락을 잡으면 머지않아 멸종될 거라고 경고하는 이야기를 들었다. 그것도 몇 년 안에! 그는 자신의 주제를 진지하게 고민했다. 그에게는 중요한 문제였다. 그는 그 문제에 대해 정말로 열의가 넘쳤다. 그의 생각과 태도 모든 것만 봐도 알 수 있었다. 그가 처음 이야기를 꺼냈을 때, 나는 체서피크 만에 볼락이라는 생물이 사는지도 몰랐다. 청중 대부분이 나처럼 지식도 없고, 흥미도 없을 거라고 생각했다. 하지만 연사가 이야기를 끝내기도 전에 우리는 모두 법으로 볼락을 보호해줄 것을 입법부에 요청하는 청원서에 기꺼이 서명을 했다.

리처드 워시번 차일드 전 이탈리아 주재 미국 대사에게 독자의 흥미를 끄는 작가로 성공한 비결을 물었다. 그는 이렇게 대답했다.

"나는 사는 게 너무나 흥분되어서 가만히 있을 수가 없어요. 그래서 사람들한테 그 이야기를 들려줄 뿐입니다."

사람들은 그런 연사나 작가에게 매료될 수밖에 없다.

한번은 연설을 들으러 런던에 갔다. 연사가 연설을 끝마쳤을 때 우리

일행 중 한 명인 유명한 영국 소설가 벤슨 씨가 연설의 첫 부분보다 뒤로 갈수록 재미있었다고 감상을 말했다. 내가 이유를 묻자 그가 대답했다.

"연사 본인이 후반부에 더욱 관심이 있는 것처럼 보이더군요. 나는 언제나 연사가 열정과 관심을 보여주기를 기대하죠."

여기 화제를 잘 선택하는 것이 얼마나 중요한지 보여주는 예가 있다.

플린이라는 한 신사가 워싱턴 D.C.에 개설된 우리 강좌에 등록했다. 수업 초기였는데 그가 미국의 수도를 소개하는 연설을 하게 되었다. 그는 지역 신문사에서 발행한 안내 책자를 겉핥기식으로 급히 훑어보고 보고 자료를 수집했다. 연설 내용이 그렇게 들렸다. 무미건조하고 앞뒤 문맥도 안 맞고 그 내용을 충분히 소화하지 않은 것처럼 들렸다. 꽤 오래 워싱턴에 산 그였지만 그 도시를 좋아하는 이유를 설명하는데 자신의 경험담을 제시하지도 않았다. 그저 무미건조하게 사실만 나열해서 듣는 사람은 고문을 당하는 것처럼 괴로웠다.

그로부터 2주일 후 플린 씨를 지독하게 화나게 한 일이 일어났다. 뽑은 지 얼마 안 되는 새 차를 길가에 세워두었는데, 누군가 자신의 차를 들이받고 알리지도 않고 뺑소니를 친 것이었다. 플린 씨는 보험회사를 부를 수도 없는 처지여서 자기 돈으로 차를 고쳐야 했다. 그런 경험을 하고 나니 뭔가 뜨거운 화젯거리가 생긴 모양이었다. 워싱턴에 관해 연설을 했을 때 그가 어렵게 뱉은 한 마디, 한 마디는 그와 청중 모두에게 고통이었다. 그런데 쭈그러진 차에 관해 이야기할 때는 활동 중인 베수비오 화산처럼 부글부글 끓는지 말이 솟구쳐 나왔다. 2주 전에는 지루해서 몸을 뒤척였던 수강생들이 이번에는 플린 씨에게 진심에서 우러나는 박수를 보냈다.

거듭해서 강조했듯이 자신에게 적절한 화제를 선택하면 당연히 성공할 수밖에 없다. 어떤 화제는 틀림없이 성공한다. 바로 자신의 신념을 말할 때이다! 누구라도 삶의 어떤 부분에 대해선 강한 신념을 갖고 있다. 그것은 대체로 의식의 표면을 흐르고, 자주 생각하는 문제이기 때문에 화젯거리를 찾아 굳이 멀리 갈 필요도 없다.

그리 오래전 일도 아닌데 텔레비전에서 사형제에 대한 입법 청문회를 방영한 적이 있다. 많은 참고인들이 참석하여 논란이 많은 이 문제를 둘러싸고 상반된 의견을 내놓았다. 그중 한 명이 로스앤젤레스 시경의 경찰관이었는데, 한눈에도 이 주제에 관해 많은 생각을 한 것처럼 보였다. 그는 범인과의 총격전에서 동료 경찰 열한 명이 목숨을 잃었다는 사실을 근거로 확고한 신념을 갖고 있었다. 게다가 자신의 대의명분이 정당하다고 굳게 믿는 사람만이 가질 수 있는 성실한 어투로 말을 했다. 웅변의 역사상 위대한 호소는 모두 강한 신념과 가슴으로부터 나온 것이다. 성실함은 신념에서 나오며 신념은 말하려는 내용을 이성적이고 냉철하게 사고할 뿐만 아니라 가슴으로 따뜻하게 느낄 수 있을 때 생겨난다.

"감정에는 이성이 잘 알지 못하는 이유가 있다."

파스칼의 정곡을 찌르는 이 글귀를 나는 많은 강좌에서 확인했다. 내가 기억하는 보스턴의 어떤 변호사는 운이 좋게 외모도 뛰어나고 언변도 대단히 좋았다. 하지만 그의 이야기를 들어본 사람들은 그를 '똑똑한 사람'이라고만 불렀다. 그는 현란한 말의 성찬 뒤에 어떤 감정도 없는 것처럼 보였기 때문에 그런 피상적인 인상만 받은 것이다. 한편 같은 반 수강생 중에 보험회사 영업사원이 있었다. 지위도 보잘것없고 외모도 호감을 주지 못할 뿐만 아니라 단어가 생각나지 않아 더듬거리기도 하는 사람이었지만, 그가 말을 하면 듣는 사람은 말 한 마디, 한 마디에 진심이 어려 있음을 조금도 의심하지 않았다.

에이브러햄 링컨이 워싱턴 D. C.의 포드 극장 대통령 석에서 암살당한 지 거의 백 년이 지났지만 그의 인생과 그의 말에 깃든 깊은 성실성은 지금도 우리 마음속에 살아있다. 법률 지식에 관한 링컨보다 뛰어난 동시대 사람들은 많았다. 링컨은 품위도, 언변도 부족하고 세련되지도 않았다. 하지만 게티즈버그와 쿠퍼 유니언, 워싱턴의 국회의사당 계단에서 그가 한 말은 진솔함과 성실성 면에서 미국 역사상 그 누구보다도 뛰어났다.

누군가 그랬듯이 당신은 강한 신념도, 관심사도 없다고 말할지 모른다. 그런 말을 들으면 언제나 놀라지만, 나는 그에게 바쁘게 살면서 무언가에 관심을 가지라고 조언했다.

"뭐라고요, 예를 들면 어떤 일 말입니까?"

그가 물었다.

나는 건성으로 대답했다.

"비둘기요."

"비둘기라고요?"

그는 어리둥절한 투로 물었다.

"그래요. 비둘기요. 광장으로 나가서 비둘기를 보고, 먹이도 주고, 도서관에 가서 비둘기에 관한 책을 읽고, 다음 시간에 그에 대한 얘기를 해보세요."

내가 말했다.

그는 내가 시키는 대로 했다. 며칠 후 그가 돌아왔을 때 무엇도 그를 말릴 수 없었다. 그는 열광적인 애호가가 되어 비둘기에 관해 이야기하기 시작했다. 내가 중단시키려고 했을 때 그는 비둘기에 관해 읽은 40권의 책 이야기를 하는 중이었다. 그는 그 책을 모두 읽었다고 했다. 그때 내가 들은 이야기는 내 평생 가장 흥미진진한 이야기였다.

여기 한 가지 더 권하고 싶은 방법이 있다. 당신이 화제로 삼고 싶어 하는 내용을 좀 더 공부하라는 것이다. 뭔가에 대해 많이 알수록 그에 대해 진지해지며 신도 나고 정열적이 된다. 《판매의 다섯 가지 중요한 규칙Five Great Rules of Selling》의 저자 퍼시 휘팅은 세일즈맨이라면 절대 자기가 파는 물건에 대해 공부를 게을리해서는 안 된다고 주장한다.

"당신이 좋은 제품에 대해 더 많이 알수록 그 제품에 더 열정적이 된다."

연설할 주제도 마찬가지다. 많이 알수록 그 주제에 대해 더 진지하게 생각하고 열정적이 된다.

둘째, 감정을 되살려서 이야기하라

제한속도를 1마일 초과했다고 경찰에게 쫓긴 이야기를 청중한테 들려준다고 치자. 당신은 구경꾼처럼 담담하게 무관심한 태도로 말을 할 수도 있지만, 자신에게 일어난 일인 만큼 특정한 감정을 갖고 있고 꽤 명확한 단어로 그 감정을 표현할 수 있다. 이런 일을 3자의 입장에서 이야기하면 청중에게 깊은 인상을 줄 수 없다. 청중은 당신이 경찰한테 딱지를 떼였을 때 어떤 기분이었는지 정확히 알고 싶어 한다. 그래서 현장 설명을 줄이거나, 당시 느꼈던 감정을 많이 되살리면 더욱 생생하게 표현할 수 있다.

우리가 연극이나 영화를 보러 가는 이유는 감정을 어떻게 표현했는지 보고 듣기 위해서다. 우리는 남들에게 감정을 표출하는 것을 두려워하는 나머지 이런 식으로라도 감정 표현의 욕구를 충족시킨다.

남들 앞에서 말을 할 때 그 안에 불어넣는 흥분의 양에 비례해서 당신의 이야기는 더 흥미진진해지며 관심을 집중시킬 수 있다. 솔직한 감정을 억제하지 마라. 진정한 열정에 제어판을 설치하지 마라. 청중에게 당신이 그 주제에 대해 얼마나 열정적으로 말하고 싶어 하는지 보여줘라. 그러면 청중의 관심을 끌 수 있다.

셋째, 진지하게 행동하라

연설을 하러 청중 앞으로 걸어갈 때 단두대에 끌려가는 표정 대신 잔뜩 기대에 부푼 모습으로 행동하라. 활기 넘치게 걸어라. 그러면 당신에게 기적이 일어날 것이며, 당신이 뭔가를 이야기하고 싶어 견딜 수 없어 하는 듯한 느낌을 청중에게 준다. 시작하기 직전에 심호흡을 하라. 테이블 또는 연단에 너무 바짝 다가서지 말고 거리를 둬라. 고개를 들고 턱을 추어올려라. 당신은 청중에게 뭔가 귀중한 이야기를 들려주려고 한다는 것을 온몸을 이용해 분명하게 보여주어야 한다. 당신은 통솔자이다. 따라서 윌리엄 제임스가 말했듯이 행동도 통솔자답게 하라. 강연장 뒤편까지 목소리가 들리게 큰 소리로 말하면 그 자체로 안심이 될 것이다. 제스처를 쓰는 것도 좋은 자극제가 될 것이다.

도널드와 일리노어 레이어드가 말한 '반응도를 높이는' 원칙은 정신적인 각성상태가 필요한 모든 상황에 적용시킬 수 있다. 《효율적인 기억의 테크닉Techniques for Efficient Remembering》이라는 저서에서 레이어드 부부는 시어도어 루스벨트 대통령을 '트레이드마크가 된 활기와 정력과 저돌성, 열정으로 평생 살았던 사람'으로 꼽았다. 시어도어 루스벨트는 씨름하고 있는 모든 문제에 몹시 관심이 많거나 그렇지 않더라도 관심이 있는 척했다. 그는 한마디로 윌리엄 제임스 철학의 살아 있는 지지자였다.

"열의 있는 것처럼 행동하라. 그러면 하고 있는 모든 일에 자연스럽게 열의가 생길 것이다."

무엇보다도 이 점을 명심하라. 열의 있게 행동하면 정말로 열의가 느껴진다.

청중과 교감을 나눠라

유명한 러셀 콘웰의 강연 '막대한 다이아몬드Acres of Diamonds'는 거의 6,000회나 행해졌다. 그렇게 몇 번이고 되풀이해서 이야기하면 억양이나 단어 하나까지 연사의 머릿속에 단단히 박혀서 매번 똑같을 거라고 생각할 것이다. 그러나 그렇지 않았다. 콘웰 박사는 강연 때마다 청중이 다르다는 사실을 잊지 않았다. 청중으로 하여금 매번 자신의 연설을 개별적인 것으로 느끼고, 그들만을 위해 새로 만들어진 것처럼 느끼게 해야 한다고 생각했다. 그렇다면 그는 어떤 식으로 연사와 연설, 청중의 상호 관계를 살아 있게 했을까? 그는 이렇게 썼다.

'나는 어떤 도시나 마을을 방문할 때 일찌감치 도착해서 그곳의 우체국장이나 이발사, 호텔 매니저, 학교의 교장선생님, 목사님을 만나본다. 또 불쑥 상점에 들어가서 주민들과 이야기를 나누며 그들의 과거 생활이라든지 그들이 누린 기회에 대해 파악해둔다. 그리고 강연을 할 때 그 지역에서 채취한 이야기를 강연 주제에 맞춰 적절히 삽입한다.'

콘웰 박사는 성공적인 의사전달은 연사가 얼마나 청중이 공감할 수 있는 이야기를 하느냐, 청중을 이야기의 일부로 만드느냐에 달려 있다고 했다. 역사상 가장 인기 있는 강연이었던 '막대한 다이아몬드'의 정본이 없는 이유도 그 때문이다. 콘웰 박사는 인간의 본성에 대한 예리한 통찰력과 각고의 노력 덕분에 같은 주제를 여러 가지 다른 청중을 상대로, 6,000회나 강연을 했음에도 똑같은 강연을 두 번 이상 한 적이 없었다. 그의 예를 귀감으로 삼아 당신도 언제나 그때그때 청중을 위해 연설을 새로 준비한다는 마음가짐을 가져라. 여기 연사와 청중 사이에 깊은 연대감을 나누는 데 도움이 되는 몇 가지 간단한 법칙이 있다.

첫째, 청중의 관심사를 이야기하라

콘웰 박사가 한 게 바로 이것이다. 그는 강연에 그 지역의 주민만이 아는 이야기나 사례를 풍부하게 넣는 것을 철칙으로 여겼다. 청중은 그의 연설에 자신들의 이야기라든지 관심사, 자신들의 문제가 언급되기 때문에 귀를 기울일 수밖에 없었다. 청중이 가장 관심 있어 하는 것, 다시 말해 자신들 이야기가 나오면 반드시 주목하게 되고 의사소통의 통로가 열려 있다는 믿음을 갖게 된다.

전 미국 상공회의소 소장이며 현재 영화산업협회 회장인 에릭 존스톤은 연설을 할 때 거의 언제나 이런 원칙을 고수한다. 그가 오클라호마 대학교에서 학생들에게 들려준 졸업식 축사인데, 그가 얼마나 그 지역민들의 관심을 풍부하게 인용했는지 보라.

"오클라호마 주민 여러분은 소름 끼치는 행상꾼들이 이제는 꽤 친숙할 겁니다. 오클라호마를 영원히 가망 없는 곳으로 장부에도 기록조차 하지 않던 때를 기억하기 위해 너무 멀리 갈 필요도 없습니다. 1930년대만 해도 오클라호마에 가본 적이 있는 까마귀는 동료 까마귀들에게 따로 먹이를 챙길 재간이 없으면 오클라호마를 피해서 지나가는 것이 좋을 거라고 충고를 할 정도였습니다. 그들은 오클라호마가 미국의 새로운 사막지대가 될 것이며, 앞으로도 달라지지 않을 거라고 생각했습니다. 아무것도 다시는 꽃피우지 않을 거라고 수군거렸습니다. 그러나 1940년대가 되어 오클라호마는 녹지가 되고 브로드웨이의 자랑거리가 되었습니다. 다시 한 번, '비가 갠 뒤 불어오는 바람결에 달콤한 냄새가 실려 오는 살랑살랑 춤추는 밀밭'이 펼쳐진 곳이 되었기 때문입니다. 불과 10년 사이 메말랐던 땅에는 옥수숫대가 코끼리 눈높이만큼 자랐습니다. 그것은 믿음이 가져다준 보상이며, 계산된 위험에 대한 대가였습니다. 우리는 언제나 과거라는 장막에 비춰 더 나은 통찰력으로 우리 시대를 볼 수 있습니다. 그래서 저는 이곳을 방문하기 전에 준비 삼아 1901년 봄에 발간된 〈오클라호마〉 일간지 철을 뒤져보았습니다. 50년 전 이 땅에서의 삶의 정취를 맛보고 싶었기 때문입니다. 제가 뭘 발견했을까요? 오클라호마의 미래상을 그린 기사를 발견했습니다. 그 기사는 그 와중에서도 희망을 강조하고 있었습니다."

이것은 청중의 관심사를 고려해서 연설을 준비한 훌륭한 예이다. 에

릭 존슨톤은 연설 내용이 청중의 뒷마당을 벗어날 경우 떠안을 수 있는 위험을 계산했다. 그는 청중에게, 자신의 연설이 등사기로 밀어서 만든 인쇄물이 아니라, 그들만을 위해 새로 쓴 원고라고 느끼게 해주고 싶었다. 어떤 청중도 연사가 자기들의 관심사를 말하면 집중하지 않을 수 없다.

당신이 말하려는 주제에 관해 얼마나 알아야 청중의 문제를 해결하고 그들의 목표를 달성하는 데 도움을 줄 수 있을까 자문해보라. 그러고 나서 청중에게 그 사실을 알리면 청중의 관심을 붙들어둘 수 있다. 만약, 당신이 회계사라면 이런 식으로 이야기를 시작할 수 있다.

“여러분에게 최소 50달러, 최대 100달러까지 절세하는 방법을 가르쳐드리겠습니다.”

또는, 변호사라면 유서 작성 방법을 조언해주겠다고 하라. 틀림없이 누구라도 관심 있어 하는 내용이다. 당신의 전공이나 지식 중에도 청중에게 실제로 도움을 줄 수 있는 부분이 있을 것이다.

사람들이 대체로 무엇에 관심을 갖느냐는 질문을 받았을 때 영국의 언론계의 윌리엄 랜돌프 허스트라고 불리는 노스클리프 경은 이렇게 대답했다.

“바로 자기 자신이죠.”

그는 이 단순한 진리 하나로 신문 왕국을 건설했다.

제임스 하비 로빈슨은 《형성되는 정신Mind in the Making》에서 몽상을 ‘자발적이고 스스로 좋아서 하는 사고’라고 표현했다. 그는 계속해서, 몽상을 할 때 우리는 생각이 원하는 방향으로 흘러가게 내버려 두는데, 이 방향은 우리의 희망과 두려움, 자연스러운 욕구, 성취감 또는 좌절감에 의해 정해진다고 말했다. 뿐만 아니라 우리의 호불호, 애정과

증오, 불만에 의해서도 좌우된다. 우리에게 자기 자신만큼 흥미를 끄는 것도 없다.

필라델피아의 해럴드 드와이트라는 사람은 강좌 수료를 기념하는 만찬 석상에서 참으로 훌륭한 연설을 했다. 그는 둥그런 테이블에 둘러앉은 동료 수강생들을 한 명, 한 명 호명하며 그들이 처음 강좌를 들었을 때 어땠고 지금 얼마나 발전했는지 이야기했다. 그는 여러 수강생들이 했던 연설 내용, 토론했던 주제를 기억해내고 그중 몇 명의 특징을 과장되게 흉내를 내어 모두를 웃고 즐겁게 해주었다. 이런 소재로 이야기했기에 그는 실패할 수 없었다. 완벽하게 이상적이었다. 하늘 아래 어떤 주제도 그들에게 이보다 더 흥미진진하지는 못했을 것이다. 드와이트 씨는 인간의 본성을 어떻게 다루는지 잘 알았다.

몇 년 전 나는 〈아메리칸 매거진〉에 '재미있는 사람들'이란 코너를 맡고 있던 존 시덜과 대화를 나눌 기회가 있었다. 그는 이렇게 말했다.

"사람은 이기적이에요. 주로 자신한테만 관심이 있죠. 정부가 철도를 국유화해야 하는지 말아야 하는지에 대해서는 별 관심도 없어요. 그저 어떻게 하면 남보다 앞서갈까, 월급을 더 많이 받을까, 어떻게 하면 건강할까, 이런 것에만 관심이 있죠. 만약 내가 이 잡지의 주간이라면 올바른 치아 관리법이라든가 목욕법, 여름철을 시원하게 나는 법, 취업을 잘하는 비결, 부하 직원을 다루는 법, 주택 마련 방법, 기억력을 좋게 하는 법, 문법적인 실수를 피하는 방법 따위의 기사를 실을 거예요. 사람들은 언제나 자기의 이해와 관련된 내용을 흥미 있어 하거든요. 그래서 나는 부자를 만나면 어떻게 부동산으로 백만 달러를 벌었는지 말해달라고 하죠. 저명한 은행가나 기업체 사장님을 만나면 그들이 어떻게 싸워서 권력과 부를 가질 수 있는 위치로 올라왔는지 이야기를 해달라고 하죠."

그 일이 있고 얼마 안 되어 시덜은 그 잡지 편집장이 되었다. 사실 그 전까지 잡지의 발행 부수는 얼마 되지 않았다. 하지만 시덜은 내게 했던 말을 그대로 실행에 옮겼다. 반응은 어땠을까? 압도적이었다. 발행 부수는 20만에서, 30만, 40만, 50만 부로 계속 증가했다. 잡지에는 대중이 원하는 게 모두 들어 있었다. 이윽고 매월 100만 명이 그 잡지를 구독하게 되었고, 나중에는 150만, 그리고 마침내 200만 명을 돌파했다. 그리고 거기에서 그치지 않고 몇 년간 계속 증가했다. 시덜은 독자의 자기 관심 본능에 정확히 호소했던 것이다.

다음 번에 청중을 대하면 (그들의 호기심을 끌 만한 주제를 정했다고 치고) 당신의 이야기를 듣고 싶어 눈을 반짝이는 청중의 모습을 그려보라. 청중의 자기중심적인 본능을 고려하지 않는 연사는 참을성 없는 청중, 따분해서 몸을 뒤척이는 청중, 손목시계를 흘끔거리며 연신 출입문을 살피는 청중을 마주 대할 수밖에 없다.

둘째, 꾸밈없고 진지하게 감사를 표하라

청중은 개인들로 이루어졌으며, 개인처럼 반응한다. 연사가 노골적으로 청중을 비난하면 그들은 반감을 가진다. 그들이 칭찬할 만한 행동을 했을 때는 칭찬을 해라. 그러면 청중의 마음속으로 들어가는 통행증을 얻게 될 것이다. 그러기 위해서는 당신은 어느 정도 연구를 해야 한다.

"지금까지 제 연설을 들었던 어떤 청중보다도 똑똑하시군요."

이런 식의 찬사는 대부분의 청중에게 속이 뻔한 아첨처럼 들린다.

유명한 연설가 첸시 더퓨는 "당신이 도저히 알 수 없을 거라고 생각할 만한 청중에 관한 이야기를 꺼내라."라고 조언한다. 예를 들어 어떤 남자가 볼티모어 키와니스 클럽 회원들을 상대로 강연을 했다. 그 클럽은 국제 본부 회장과 이사장을 배출했다는 것 말고는 최근 들어 특별히 내세울 만한 게 없었다. 게다가 그 소식은 클럽 회원들에게 새삼스러운 일이 아니었다. 그래서 연사는 새로운 반전을 주려고 노력했다. 그는 이런 말로 연설을 시작했다.

"볼티모어 키와니스 클럽은 10만 1,898개나 되는 클럽 중 하나입니다!" 회원들이 귀를 곤두세웠다. 연사의 말이 분명 틀렸기 때문이었다. 전 세계에 키와니스 클럽의 지부는 2,897개뿐이었다. 연사는 계속 말을 이어갔다.

"그렇습니다. 여러분이 믿지 않는다고 하셔도 여러분의 클럽은 산술적으로는 적어도 10만 1,898개의 클럽 중 하나입니다. 10만 개도 아니고 200개도 아니고 정확히 10만 1,898개 중 하나입니다. 어떻게 이런 숫자가 나왔느냐고요? 키와니스 국제 본부에는 단지 2,897개의 멤버십 클럽만 있을 뿐입니다. 그런데 볼티모어 지부는 전 키와니스 국제 본부 회장과 클럽과 현 이사장이 속해계십니다. 산술적으로 키와니스 클럽의 지부가 회장과 이사장을 모두 배출할 수 있는 확률은 10만 1,898분의 1입니다. 이 확률 계산은 수학학자인 존스 홉킨스 대학의 교수님이 해주셨기 때문에 틀림없습니다."

진지해지려거든 100퍼센트로 진지해라. 진지하지 못한 말은 가끔 상대를 조롱하는 것처럼 들린다. 청중을 조롱해서는 절대 안 된다.

"아주 똑똑하신 청중 여러분……."

"특별히 뉴저지 주 호호커스의 미남 미녀들만 모셔서……."

"이 자리에 서게 되어 무척 기쁩니다. 여러분 한 분, 한 분을 사랑하니까요."

오, 이러면 안 된다! 진심이 담기지 않은 감사 인사를 하려거든 차라리 아무 말도 하지 마라!

셋째, 청중에게 동질감을 표현해라

될 수 있으면 빨리, 아니 첫 마디부터 청중과의 직접적인 관련성을 밝혀라. 가령 연사로 나와달라고 요청받은 사실이 고맙다면 그렇게 말하라. 해럴드 맥밀런은 인디애나 그린캐슬에 있는 디파우 대학 졸업생들을 상대로 연설을 했을 때 첫 마디부터 커뮤니케이션의 통로를 열어놓았다.

"따뜻하게 환영해주셔서 정말 고맙습니다."

그가 말했다.

"영국 총리가 이렇게 훌륭한 대학에 초대받는 일은 매우 이례적입니다. 하지만 제가 현직 총리라는 사실만으로 이 자리에 초대를 받았다고는 생각하지 않습니다."

그러고 나서 그는 자기 어머니가 인디애나에서 태어난 미국인이며, 외할아버지는 디파우 대학의 1회 졸업생이라고 밝혔다.

"저는 디피우 대학과의 이런 인연도, 저의 오래된 가족 전통을 되살리게 된 것도 진심으로 자랑스럽게 생각합니다."

그가 말했다.

당신은 맥밀런이 미국 대학과의 인연, 그리고 자기 어머니와 외조부의 미국 생활을 언급함으로써 청중에게 친근감을 주었을 거라고 짐작할 것이다.

커뮤니케이션의 통로를 여는 또 한 가지 방법은 청중의 이름을 이용하는 것이다. 한번은 만찬석 상에서 유명한 연사의 옆 좌석에 앉았는데, 그가 그 자리에 모인 사람들에게 호기심을 드러내는 모습을 보고 내심 놀란 적이 있다. 그는 식사를 하는 내내 주최자에게 저 테이블에 앉은 청색 양복 차림의 신사는 누구이며, 꽃무늬 모자를 쓴 숙녀의 이름은 무어냐고 물었다. 얼마 후 그가 연설을 하려고 일어섰을 때 호기심을 보였던 이유가 단번에 드러났다. 그는 재치 넘치게도 연설을 하면서 사람들의 이름을 차례차례 언급했다. 이름이 언급된 사람들의 얼굴은 기쁨으로 빛이 났다. 그때 나는 청중에게 따뜻한 우호심을 보이는 것이 연사로서 성공하는 간단한 방법임을 깨달았다.

제너럴 다이내믹스 코퍼레이션의 회장이었던 프랭크 페이스 주니어가 연설을 할 때 몇몇 사람의 이름을 인용함으로써 어떤 효과를 봤는지 살펴보자. 그는 뉴욕에 소재한 아메리칸 생명보험의 기독교인 연례 만찬석 상에서 연설을 했다.

"저에게는 여러 가지로 기쁘고 의미 있는 저녁입니다."

그가 말했다.

"첫째는 제가 다니는 교회의 로버트 애플야드 목사님께서 지금 이 자리에 앉아 계시기 때문입니다. 그분의 말씀과 행동, 리더십은 저 개인과 저의 가족, 그리고 우리 전체 신도들에게 영감을 주셨습니다. 둘째, 루이스 슈트라우스와 밥 스티븐스, 두 분 사이에 제가 이렇게 앉아 있기 때문입니다. 두 분은 사회봉사에 관심을 가지면서 종교에 대한 관심도 깊어지셨습니다. 두 분과 함께 앉아 있을 수 있다는 것만으로도 제게는 진정한 기쁨입니다."

이때 조심해야 할 점이 있다. 조사해서 알아낸, 잘 모르는 사람의 이름을 연설에 인용할 때는 그 이름이 정확한지 반드시 확인해야 한다. 또한 그 이름을 인용할 만한 이유가 충분해야 한다. 더불어 좋은 의미로만 사용하고 지나치게 남용해서는 안 된다.

청중의 집중력을 높이는 또 한 가지 방법은 3인칭인 '그들'보다 '여러분'이라는 대명사를 사용하는 것이다. 이렇게 말하면 청중은 자신들을 의식하게 된다. 앞에서도 강조했지만 청중의 관심과 흥미를 유지하려면 연사에게 무시당한다고 느끼지 않게 하는 게 중요하다. 다음은 뉴욕의 강좌에서 수강생이 황산에 관해 이야기한 내용의 일부이다.

"황산은 여러 가지로 여러분의 생활과 밀접한 관계가 있습니다. 만약 황산이 없으면 자동차는 멈출 것입니다. 등유나 휘발유를 정제하는 데 황산이 널리 쓰이기 때문입니다. 여러분의 집과 사무실을 밝히는 전구도 황산이 없으면 불을 켤 수 없습니다. 여러분이 욕실의 물을 쓸 때 백 동으로 도금된 수도꼭지를 튼다면, 그때 그 수도꼭지의 제조 공정에도 황산이 필요합니다. 여러분이 사용하는 비누도 황산으로 처리한 유지나 기름으로 만듭니다. 솔로 된 머리빗과 셀룰로이드로 만든 머리빗도 황산이 없으면 만들 수 없습니다. 그뿐이 아닙니다. 면도날도 가열한 다음 황산에 담갔다 뺍니다. 자, 여러분이 아침 식사를 하러 내려왔습니다. 컵과 컵 받침도 무늬 없는 흰색이 아닌 이상 황산이 없었으면 만들 수 없었을 겁니다. 여러분의 숟가락, 나이프, 포크도 은도금을 한 거라면 황산 용액을 만난 적이 있을 겁니다. 이렇게 황산은 온종일 '여러분'에게 영향을 줍니다. 여러분이 어디를 가도 황산의 영향은 피할 수 없습니다."

'여러분'이라는 대명사를 솜씨 좋게 사용해서 청중을 이야기 속에 등장시킴으로써 연사는 청중의 주의를 집중시키고 뜨거운 관심을 받을 수 있었다. 하지만 때로 '여러분'이라는 대명사가 연사와 청중 사이에 다리를 놓기는커녕 위태롭게 틈을 벌려놓기도 한다. 청중을 낮춰보거나 가르치려 드는 것처럼 보일 때 그런 일이 일어난다. 그럴 때는 '여러분'보다는 '우리'라는 표현을 쓰는 게 낫다.

미국 보건교육 의료협회 회장인 바우서 박사는 라디오나 텔레비전 토크 쇼에서 종종 이런 방법을 쓴다.

"우리는 누구나 좋은 의사를 고르는 방법을 알고 싶어 합니다. 그렇지 않습니까?"

한번은 토크쇼에서 이렇게 말했다.

"마찬가지로 우리가 의사한테서 최선의 진료를 받으려면 어떤 환자가 되어야 하는지도 알아야 하지 않을까요?"

넷째, 청중을 동업자로 만들어라

약간 쇼맨십을 발휘해서 청중이 한 마디, 한 마디에 집중하게 할 수 있다는 생각을 해본 적이 있는가? 예컨대 요점을 강조한다든지, 아이디어를 극적으로 설명하기 위해 청중 몇 명의 도움을 받으면 그만큼 청중의 집중도가 눈에 띄게 높아진다. 자신이 청중이라는 사실을 의식하는 사람들은 자신들 중 한 명이 연사에 의해 일정한 '역할'을 맡게 되면 앞으로 무슨 일이 일어날지 주목하게 된다. 많은 연사들이 증언하듯, 연단 위의 사람과 그밖에 있는 사람들 간에 벽이 느껴질 때 청중을 참여시키면 벽이 무너질 것이다. 브레이크를 밟고 나서 자동차가 멈출 때까지의 거리에 대해 설명하던 한 연사가 기억난다. 그는 앞줄에 앉은 청중 한 명을 일으켜 세우더니 자동차의 속도에 따라 그 거리가 어떻게 달라지는지 증명하는 일을 도와달라고 했다. 청중 속의 그 남자가 쇠로 된 줄자 끝을 잡고 복도를 15미터쯤 따라 내려갔을 때 연사는 거기에서 걸음을 멈추라고 지시했다. 나는 그 과정을 지켜보면서 청중 전체가 연사의 말에 점점 더 몰입해가는 모습을 확인할 수밖에 없었다. 그리고 그 줄자가 연사의 논점을 시각적으로 증명할 뿐만 아니라 연사와 청중 사이에 소통의 통로가 되어 준다고 인정했다. 그런 쇼맨십이 없었으면 청중은 저녁 때 무엇을 먹을까, 또는 오늘 저녁 TV 프로그램은 뭘까 하는 잡념이 들었을지도 모른다.

청중을 참여시키기 위해 내가 자주 쓰는 방법은 질문을 던지고 대답을 끌어내는 것이다. 나는 청중을 일으켜 세워 내가 한 말을 복창하게 하거나 내 질문에 손을 들고 대답하게 한다. 퍼시 휘팅은 저서 《말하기와 글쓰기를 할 때 유머를 넣는 법How to Put Humor in Your Speaking and Writing》에서 청중을 참여시키는 방법에 대해 조언을 한다. 그는 청중을 투표에 참여시키거나 문제를 해결하는 데 청중의 도움을 청하는 방법을 제안한다. 그는 이렇게 말한다.

"합리적인 생각을 가져라. 연설은 낭송과는 달리 청중의 반응을 불러일으킨다는 의도가 들어 있다. 청중을 사업의 동업자로 만들겠다는 마음가짐을 가져라."

나는 '청중이 동업자'라는 표현을 좋아한다. 이 장에서 말하고 싶은 것도 바로 그것이다. 청중을 참여시키려면 동업자의 권리를 부여하라.

다섯째, 자신을 낮춰라

물론 연사와 청중의 관계에서 성실성을 대신할 수 있는 것은 없다. 노먼 빈센트 필은 설교를 할 때 신자의 마음을 사로잡지 못해 고민하는 동료 목사들에게 몇 가지 유용한 조언을 했다. 그는 동료 목사들에게 매주 일요일 아침 설교를 할 때 신도들에게 어떤 느낌이 드는지 물었다. 신자들을 좋아하는가, 그들을 돕고 싶은가, 혹시 그들이 지적으로 열등하다고 생각하지는 않는가? 필 박사는 자신을 바라보는 사람들에 대한 애틋한 연민 없이 연단에 오른 적이 없다고 말했다. 청중은 정신적인 능력이나, 사회적인 지위가 우월하다고 생각하는 연사의 태도를 재빨리 눈치챈다. 실제로 연사가 청중의 사랑을 받는 최선의 방법은 자신을 낮추는 것이다.

메인 주 출신의 상원의원인 에드먼드 머스키는 보스턴의 미국 법학자 총회에서 연설을 했을 때 이 사실을 증명해 보였다.

"저는 오늘 아침 많이 망설이며 이 연단에 섰습니다."

그가 말했다.

"무엇보다 여러분의 전문적인 자격을 잘 알고 있기에, 저의 짧은 지식을 날카로운 식견을 가진 여러분 앞에 내보인다는 것이 과연 현명한 일인가 의문이 들었습니다. 둘째, 이 모임은 조찬 모임이기 때문입니다. 하루 중에 사람이 가장 방어하기 힘든 시간입니다. 만약 실수라도 한다면 정치가에게는 치명적일 수 있습니다. 그리고 셋째, 저의 주제 때문입니다. 토론 내용이 공직에 있는 제 경력에 끼칠 영향 때문입니다. 제가 정치인으로 활발하게 활동할수록 그 영향력이 좋은 것이냐, 나쁜 것이냐를 두고 제 선거구민들 사이에서 첨예하게 대립하는 것 같습니다. 이런 조찬 모임에 나오고 보니 뜻하지 않게 나체촌에 날아든

모기가 된 기분입니다. 뭐부터 시작해야 할지 모르겠습니다."

머스키 의원은 이렇게 말하고 나서 훌륭한 연설을 했다.

애들라이 스티븐슨은 미시간 주립대학의 졸업식 축사에서 자신을 낮췄다. 그가 말했다.

"이런 자리에 제가 설 자격이 있을까 생각하다가 사무엘 버틀러의 말이 생각났습니다. 한번은 그가 인생을 최고로 활용하려면 어떻게 해야 하는지 방법을 알려 달라는 요청을 받았습니다. 그러자 그는 이렇게 대답했습니다. '다음 15분을 어떻게 활용해야 할지조차 모르는 걸요.' 저 역시 앞으로 20분을 어떻게 넘겨야 할지 막막하군요."

청중의 적대감을 불러일으키는 가장 확실한 방법은 당신이 그들보다 훨씬 우월하다고 과시하는 것이다. 여러 사람 앞에서 말을 할 때 당신은 진열장 안에서 자신의 인격을 샅샅이 드러내는 것과 같다. 조금이라도 허세를 부리는 것은 치명적이다. 반면에 겸손함은 신뢰와 호감을 불러온다. 비굴하지 않으면서도 겸손해 보일 수 있다. 스스로 완벽하지 않고, 한계가 있다고 암시한 상태에서 최선을 다하겠다는 태도를 보여주면 청중은 당신을 좋아하고, 존경할 것이다.

미국의 방송계는 결코 버텨내기 쉽지 않다. 시즌마다 일류 연기자들이 극심한 경쟁에서 탈락한다. 그런데 매년 도태되지 않고 살아 돌아오는 생존자 중 에드 설리번이 있다. 그는 원래 연기자가 아니라 방송기자였다. 그가 이런 치열한 경쟁 세계에서 살아남은 이유는 아마추어인 척을 했기 때문이었다. 카메라 앞에서 그가 보여주는 버릇은 자연스러운 매력이 없는 사람에게는 핸디캡일 수도 있었다. 예컨대 손으로 턱을 받치고 어깨를 구부정하게 숙이고 넥타이를 세게 잡아당기고 혀가 꼬이는 듯 말투는 어눌하다. 하지만 이런 약점은 에드 설리번에게는 결코 치명적이지 않다. 게다가 남들이 그런 약점을 꼬집어도 화를 내는 법이 없다. 오히려 한 시즌에 한 번, 자신을 완벽하게 흉내 내고 결점을 과장해서 표현하는 재주 많은 흉내쟁이의 연기를 이용하기도 한다. 그 연기자가 자기를 똑같이 흉내 낼 때 에드 설리번은 남인양 아무렇지도 않게 웃는다. 그는 비판을 환영하고, 시청자는 그의 그런 면을 사랑한다. 시청자는 인간적인 면을 사랑한다. 그들은 잘난체하는 에고이스트는 싫어한다.

헨리와 다나리 토머스 부부는 그들의 저서 《종교 지도자들의 살아있는 전기Living Biographie of Religious Leaders》에서 공자 얘기를 한다.

'공자는 결코 자신만의 학문으로 사람들을 현혹하려고 하지 않았다. 그저 모든 것을 포용하는 자비정신으로 사람들을 깨우치려고 애썼을 뿐이다.'

만약 우리가 이런 포용하는 공감능력을 갖추게 된다면 청중의 마음의 문을 여는 열쇠를 가진 것이나 다름없다.

3부

준비된 연설과 즉석 연설

Dale Carnegie

청중의 행동을 촉구하는 짧은 연설

제1차 세계대전 때 유명한 영국인 주교가 업톤 캠프의 병사들을 앞에 두고 연설을 했다. 병사들은 참호로 가는 길이었다. 하지만 자기들이 왜 참호로 가고 있는지 확실히 알고 있는 병사는 몇 명 되지 않았다. 나는 그 사실을 알고 있었다. 왜냐하면 병사들에게 직접 물어봤기 때문이다. 주교는 병사들에게 '국제 친선'이라든지 '해 드는 땅(독일을 뜻함-역자주)에 대한 세르비아의 권리'에 관해 연설을 했지만 세르비아가 도시 이름인지, 질병 이름인지도 모르는 병사들이 절반이나 되었다. 차라리 성운 가설에 관한 딱딱한 논문을 나눠주는 편이 나을 것 같았다. 그런데도 연설을 하는 동안 자리를 뜨는 병사는 한 명도 없었다. 그럴 수밖에 없었던 것이 밖으로 나가지 못하게 출입구마다 헌병이 지키고 있었기 때문이다.

나는 그 주교를 깎아내릴 마음은 없다. 그는 어느 모로 보나 훌륭한 학자였고, 신자들 앞에서 영향력을 발휘했을 것이다. 하지만 병사들 앞에서는 그렇지 못했다. 완전히 실패했다. 왜냐하면 주교는 자신이 하는 연설의 목적도, 그 목적을 달성하는 방법도 몰랐기 때문이다.

말하기의 목적은 무엇일까? 바로 이것이다. 연사가 의식하건 하지 않건 말하기에는 다음 네 가지 중 한 가지 목적이 있다.

1. 설득하거나 행동을 촉구한다.
2. 정보를 제공한다.
3. 감동과 확신을 준다.
4. 즐거움을 준다.

이러한 각각의 목적을 에이브러햄 링컨이 한 연설들 중에서 몇 가지 구체적인 예를 통해 설명하려고 한다.

링컨이 좌초한 배라든지 그 밖의 방해물을 모래밭으로 끌어올리는 장치를 발명해서 특허까지 낸 사실을 아는 사람은 그리 많지 않다. 그는 자신의 법률 사무소 근처에 있는 제작소에서 그런 발명품의 모형을 만들었다. 친구들이 모형을 보러 오면 수고를 아끼지 않고 설명을 해 주었다. 그런 설명의 중요한 목적은 정보를 주기 위한 것이었다.

한편 링컨이 게티즈버그에서 불후의 연설을 했을 때라든지 1차, 2차 취임 연설을 했을 때, 세상을 떠난 헨리 클레이(19세기 미국의 정치가, 농장주, 웅변가-역자주)를 위해 추도사를 했을 때, 이런 경우 연설의 목적은 설득하거나 감명을 주기 위함이었다.

링컨이 변호사로서 배심원단을 상대로 변론을 했을 때, 그 목적은 자신에게 유리한 판결을 끌어내기 위한 것이었다. 또 정치적인 연설을 했을 때는 표를 얻기 위한 것이 목적이었다. 다시 말하면 그런 경우 연설의 목적은 어떤 행위를 촉구하는 것이다.

대통령으로 선출되기 2년 전에 링컨은 발명품에 관한 강연을 준비했다. 그때의 목적은 사람들을 즐겁게 하려는 것이었다. 적어도 그것이 목적이었다. 그러나 그 목적을 성공적으로 달성하지는 못했다. 솔직히 대중적인 강연자로서의 링컨의 경력은 실망스러운 편이었다. 어떤 지역에서는 그의 강연을 들으러 오는 사람이 한 사람도 없었다.

하지만 다른 연설을 할 때 링컨의 연설은 눈에 띄게 성공적이었다. 어떤 경우에는 인간이 한 연설 중에 모범으로 손꼽히기도 했다. 이유가 무엇일까? 이런 연설의 경우에는 대체로 연설의 목적을 알았고, 그 목적을 어떻게 달성하는지 알았기 때문이다.

많은 연사들이 자신들이 연설을 하는 모임의 목적에 적합한 주제를 선택하지 못해 허둥대다가 참담한 실패를 맛본다.

예를 들어 보자. 미국의 어느 국회의원이 뉴욕의 옛 히포드롬 경기장 무대에서 야유와 비난을 들으며 연단을 내려왔다. 그는 미처 몰랐겠지만 현명하지 못하게도 교훈적인 연설 주제를 선택했기 때문이었다. 청중은 가르침을 받으려고 거기에 온 게 아니었다. 즐기려고 왔을 뿐이다. 청중은 예의를 잃지 않으려고 애쓰며 참을성 있게 10분쯤 이야기를 듣다가 이후 15분 동안에는 연설이 어서 끝나기를 바랐다. 하지만 연설은 끝나지 않았다. 연사가 장황하게 늘어놓자 청중의 인내심이 한순간에 무너졌다. 청중은 더 이상 지지하지 않았다. 누군가 야유하듯 고함을 질렀다. 그러자 다른 사람들도 동조했다. 어느 순간 천여 명의 청중이 휘파람을 불고 소리를 질렀다. 무능한 연사는 청중의 기분을 알아차렸으면서도 심술궂게도 계속했다. 청중은 더욱 날카로워졌다. 싸움이 일어났다. 청중은 더 이상 참지 않고 분노를 터뜨렸다. 연사의 입을 다물게 하기로 작정한 것이다. 청중의 항의가 점점 더 커졌다. 마침내 고함과 분노가 연사의 말을 침몰시켰다. 5~6미터 떨어진 곳에서도 연사의 목소리가 잘 들리지 않았다. 연사는 마침내 패배를 인정하고 굴욕적으로 물러났다.

그의 예에서 배울 점이 있다. 당신이 하려는 연설의 목적을 청중과 집회의 성격에 맞추라는 점이다. 만일 그 국회의원이 자신의 연설 목적이 정치 집회에 온 청중의 목적과 맞는지 미리 판단을 내렸더라면 그런 재앙은 겪지 않았을 것이다. 일단 청중과 집회의 성격을 분석한 후에 네 가지 말하기의 목적 중 한 가지를 선택해야 한다.

연설 구성이라는 중요한 영역을 설명하기 위해 이 장에서는 우선 행동을 촉구하는 짧은 연설에 대해 알아보려고 한다. 그 다음 세 개의 장에서는 나머지 목적을 가진 연설, 다시 말해 정보를 제공하는 연설, 감동과 확신을 주려는 목적의 연설, 즐거움을 주는 연설에 관해 알아보려고 한다. 각각의 목적을 달성하려면 서로 다른 구성 패턴이 필요하며, 저마다 뛰어넘어야 할 장애물이 다르다. 우선 청중의 행동을 촉구하는 연설 원고를 짤 때 염두에 둬야 할 점을 알아보자.

우리가 촉구하는 행동이 청중의 실제 행동으로 이어지게 할 확률을 높이기 위해 우리가 가진 자료를 효과적으로 정리하는 방법이 따로 있을까? 아니면 그건 운에 맡겨야 할까?

1930년대 후반 우리 강좌가 미국 전역으로 규모를 확장하던 때인데 강사들과 그 문제에 대해 토론한 적이 있다. 강좌의 수강생이 많아서 한 명당 2분밖에 연설을 할 수가 없었다. 연설의 목적이 단순히 정보를 주거나 청중을 즐겁게 하려는 것일 때는 이런 시간 제한이 연설에 별 영향을 끼치지 않았다. 하지만 청중에게 특정한 행위를 촉구하려는 연설인 경우에는 문제가 달랐다. 행동을 촉구하는 연설은, 우리가 그 전까지 사용해 온 서론, 본론, 결론의 낡은 형태로는 순조롭게 진행되지 않았다. 그 방법은 아리스토텔레스 이후 연사들이 답습해온 구성 패턴이었다. 2분간의 연설로 듣는 사람이 확실히 행동하게 하려면 뭔가 색다른 방법이 필요했다.

우리는 시카고, 로스앤젤레스, 뉴욕에서 회의를 했다. 우리는 강사들에게 호소했다. 그들은 대부분 유명한 대학에서 변론을 가르치는 교수였다. 나머지는 기업에서 중책을 맡고 있었다. 몇 명은 빠르게 확장되는 광고와 프로모션 분야에 몸담고 있었다. 이런 배경과 두뇌를 결합시켜 우리는 새로운 연설 구성 방법을 모색하고자 했다. 간결하면서도 심리적이고 논리적으로 청중을 감화시켜 행동으로 옮기게 하는 새로운 시대의 요구를 반영하는 방법 말이다.

우리의 기대는 헛되지 않았다. 그 토론에서 연설을 구성하는 마법의 공식이 도출된 것이다. 우리는 수업 시간에 그 공식을 사용해서 말하도록 가르쳤고, 지금까지도 그 방법을 이용하고 있다. 마법의 공식이란 무엇일까? 간단히 말하면 이렇다. 연설을 시작할 때 첫째, 자신의 실례 즉, 전달하고 싶은 핵심 내용을 생생하게 묘사한 사건을 든다. 둘째, 구체적이고 정확한 용어를 써서 요점 즉, 청중에게 이렇게 해주었으면 하고 바라는 바를 전달한다. 셋째, 이유를 제시한다. 즉, 당신이 시키는 대로 할 때 청중이 얻게 되는 이익이나 유리한 점을 강조한다.

바쁘게 돌아가는 우리의 생활방식에 더할 나위 없이 맞는 공식이다.

연사는 더 이상 한가하게 긴 소개말을 할 여유가 없다. 청중은 연사가 무슨 이야기든 단도직입적으로 하기를 바라는 바쁜 사람들이다. 그들은 어깨너머에서 곧장 사실을 던져주는 쉽게 이해되고 압축시킨 저널리즘에 익숙하다. 그들은 전광판과 텔레비전, 잡지 신문에서 강렬하고 명확한 용어에 메시지를 담아 쏘아주는 매디슨 거리의 광고에 노출되어 있다. 그 단어들은 모두 계산되어 쓰인 것으로 전혀 버릴 게 없다. 마법의 공식을 사용하면 당신도 확실하게 청중의 관심을 끌어당겨 메시지에 집중시킬 수 있다. 아래와 같은 밋밋한 이런 표현으로 청중의 집중력을 흐트러뜨리지 마라.

"시간이 없어서 할 말을 제대로 준비하지 못했습니다."

"의장께서 이 문제에 관해 한 마디 해달라고 부탁하셨는데 왜 나 같은 사람을 선택하셨는지 모르겠습니다."

청중은 사과냐 변명이냐, 사실이냐 아니면 그냥 해본 말이냐에 관심이 없다. 그들이 원하는 것은 행동이다. 마법의 공식을 쓰면 첫 마디부터 청중에게 어떤 행동을 하라고 촉구할 수 있다.

이런 공식은 짧은 연설에 가장 이상적이다. 왜냐하면 어느 정도의 긴장을 바탕에 깔고 있기 때문이다. 청중은 당신의 이야기에 몰두하되 2~3분쯤 지나야 이야기의 요점을 깨닫게 된다. 청중에게 어떤 요구를 하는 경우 그렇게 해야 성공할 가능성이 가장 높다. 아무리 대단한 명분이 있다고 해도 대뜸 이렇게 말을 함으로써 청중이 핸드백을 열기 바라는 연사는 없을 것이다.

"신사, 숙녀 여러분, 저는 여러분께 5달러씩 모금을 하려고 이 자리에 나왔습니다."

아마 청중은 비상구를 향해 허겁지겁 흩어질 것이다. 그러나 만약 연사가 어린이 병원을 방문했던 이야기를 꺼낸다면, 예컨대 돈도 없고 집에서 멀리 떨어진 병원에서 수술을 받아야 하는 어린이를 보았다며 기부를 요청하면 청중으로부터 지원을 받을 가능성이 훨씬 높아진다. 이렇게 원하는 행동을 하도록 촉구할 때 당신이 준비해야 할 것은 스토리 즉, 사례이다.

르랜드 스토우(나치 정권의 확장을 처음 보도한 미국의 저널리스트-역자주)가 청중의 마음을 움직여 유엔의 아동 구호를 지원하게 하려고 어떻게 사례를 이용했는지 보자.

"저는 다시는 그렇게 할 필요가 없게 해달라고 기도합니다. 어린이와 죽음 사이에 땅콩 한 알만 놓아주는 것보다 더 비참한 일이 또 있을까요? 나는 여러분이 절대 그런 일을 겪게 되지 않기를, 훗날 그런 기억을 갖고 살아가지 않기를 빕니다. 만약 여러분이 1월 그날, 폭격 맞은 아테네의 노동자 주택가에서 그들의 목소리를 듣고, 그들의 눈을 보았더라면……. 하지만 제가 줄 수 있는 것은 땅콩 반 통이 전부였습니다. 제가 깡통을 열려고 하자 누더기 차림의 아이들 수십 명이 필사적으로 제게 몸을 들이대며 에워쌌습니다. 스무 명쯤 되는 아기 안은 엄마들도 아이들을 밀치며 어떻게든 제게 가까이 오려고 했습니다. 자기 아이를 제게 들이밀기도 했습니다. 뼈가 앙상한 고사리 같은 손들이 발발 떨며 저에게 다가왔습니다. 저는 땅콩 한 알도 남기지 않았습니다. 아이들이 미친 듯이 날뛰는 바람에 저는 그만 넘어질 뻔했습니다. 제 눈에는 수백 개의 손밖에 보이지 않았습니다. 구걸하는 손, 움켜쥐려는 손, 절망적인 손. 하나같이 애처로운 작은 손들이었습니다. 짭짤한 땅콩을 여기에도 하나, 저기에도 하나 주었습니다. 그러다 땅콩 여섯 개가 제 손에서 굴러떨어졌고, 쇠약한 몸뚱이들이 야만적으로 제

발을 덮쳤습니다. 또다시 땅콩 한 알을 여기에도 하나, 저기에도 하나 주었습니다. 여기저기에서 들이미는 애원하는 수많은 손, 희망이 어른거리는 수백 개의 눈들. 저는 텅 빈 파란 깡통을 손에 쥔 채 어쩔 줄 모르며 서 있기만 했습니다. 그렇습니다. 여러분에게는 이런 일이 절대 일어나지 않기를 바랍니다."

마법의 공식은 업무용 편지를 쓰거나 동료 직원이나 부하 직원에게 지시를 내릴 때도 이용할 수 있다. 엄마가 아이에게 동기를 유발할 때 써도 좋고, 아이들도 부모에게 뭔가를 부탁할 때 쓰면 유용하다는 사실을 깨닫게 될 것이다. 그렇다, 일상생활 곳곳에서 자신의 생각을 전달할 때 쓸 수 있는 유용한 심리적 도구다.

심지어 광고에서도 이 마법의 공식은 매일 쓰인다. 에버레디 건전지는 최근에 이 공식을 이용한 라디오, 텔레비전 상업 광고를 내보내고 있다. 사례를 이야기하는 단계에서 아나운서는 누군가 곤경에 처한 경험, 예컨대 한밤중에 전복된 차 안에 갇혔던 남자의 경험담을 들려준다. 그 사건을 실감 나게 자세히 설명한 다음 피해자를 불러내어 인터뷰를 요청한다. 피해자는 에버레디 건전지로 충전한 플래시의 불빛 덕택에 제때 도움받았다고 증언한다. 아나운서는 '요점'과 '근거'를 계속해서 말한다.

"에버레디 건전지를 사용하면 이와 같은 위급한 상황에 목숨을 건질 수 있습니다."

이 광고에 나오는 사연은 모두 에버레디 건전지 회사에서 수집해 둔 다양한 진짜 경험담이었다. 이런 식의 독특한 연재 광고로 에버레디 배터리가 얼마나 많이 팔렸는지 확인할 수 없지만 마법의 공식이 원하는 바를 청중이 행동으로 옮기게 하거나 또는 피하게 하는 데 효과적인 방법임은 분명하다. 그럼 이제부터 단계별로 살펴보자.

첫째, 살면서 겪은 사건을 사례로 들어라

말하기를 할 때 이 부분은 가장 많은 시간을 차지할 것이다. 이때 당신은 경험한 내용과 그 경험에서 배운 교훈을 이야기한다. 심리학자들은 우리가 뭔가를 배우는 데는 두 가지 방법이 있다고 말한다. 첫째, '연습의 법칙'에 의해 비슷한 사건을 연달아 겪게 되면 우리의 행동 양식은 변화된다. 둘째, '효과의 법칙'에 의해 단일한 사건이라도 아주 충격적일 때 우리의 행동은 변화된다. 누구나 이런 특이한 경험을 한 적이 있다. 이런 경험은 굳이 애쓰지 않아도 기억해낼 수 있다. 기억의 표면에 남아 있기 때문이다. 우리의 행동은 대체로 이런 경험에 크게 좌우된다. 따라서 이런 사건을 생생하게 재구성하면 타인의 행동에도 영향을 끼칠 수 있다. 사람들은 실제로 일어난 일에 반응하는 것과 똑같이 그 이야기에도 반응을 하기 때문이다. 연설 중 실례를 드는 단계에서 당신에게 일어났던 것과 똑같은 효과가 청중에게도 일어나게 하려면 당신의 경험을 재현해야 한다. 그러려면 청중이 흥미를 느끼고 감동을 느낄 수 있게 당신의 경험을 실감 나고 강렬하고 극적으로 만들어야 한다. 다음은 기억에 남을 만한 강렬하며 의미 있는 실례를 들 때 참고할 점이다.

특이한 경험을 사례로 구성하라

사례로 드는 사건이 당신의 인생에 극적인 영향을 준 단일한 사건일 때 특히 강렬한 인상을 남긴다. 그 사건은 몇 초 사이에 일어난 일일 수도 있지만, 그 짧은 시간에 당신에게 잊히지 않을 교훈을 주었다. 얼마 전의 일인데, 우리 수강생 한 명이 자신이 탄 배가 뒤집혀서 해안까지 헤엄쳐서 나와야 했던 공포스러운 경험을 말해주었다. 나는 그 이야기를 들은 사람들이 모두, 똑같은 상황에 처하면 그 연사가 조언한 대로 도움의 손길이 뻗칠 때까지 배에서 기다려야겠다고 다짐했으리라 확신한다. 또 어떤 수강생은 어린아이가 전기 잔디 깎기에 매달려 놀다가 넘어진 이야기를 들려주었다. 그 사건은 내 머릿속에 생생하게 각인이 되어 잔디 깎기를 사용할 때 아이들이 얼쩡거리지 못하게 항상 감시를 해야 한다고 생각하게 되었다. 우리 강사들도 교실에서 들은 이야기가 머릿속에 박혀서 집에서 비슷한 사고를 당하지 않기 위해 즉각적인 조치를 취한 경우가 적지 않다. 예를 들어, 한 수강생이 요리를 하다가 비극적인 화재를 당한 이야기를 하도 생생하게 들려주는 통에 어떤 강사는 자기 집 부엌에 소화기를 비치했다. 또 어떤 강사는 극약이 든 병에 약 이름표를 붙여 아이들의 손이 닿지 않는 곳에 두었다. 이런 행동은 어느 날 자기 아이가 아무 생각 없이 극약이 든 병을 들고 욕실에 있는 모습을 보고 혼비백산했던 부모의 경험담을 듣고 자극을 받아 취한 조치였다.

절대 잊지 못할 교훈을 준 특이한 개인 경험이야말로 인간을 움직이게 하는 설득력 있는 연설의 첫 번째 필수조건이다. 이런 종류의 사건을 통해 당신은 청중의 행동을 좌우할 수 있다. 당신에게 일어난 일이라면 자신들한테도 일어날 수 있다고 청중은 생각한다. 그러면 당신이 무엇을 하라고 충고할 때 더욱 잘 받아들이게 된다.

사례를 자세하게 설명하는 것으로 말하기를 시작하라

사례를 들어 이야기를 시작하는 한 가지 이유는 청중의 관심을 즉시 붙들어놓기 위함이다. 어떤 연사는 첫 마디부터 청중의 관심을 끌지 못하는데, 그 이유는 중언부언하는 표현이라든지 진부한 말 혹은 청중의 흥미를 끌지 못하는 단편적인 변명으로 이야기를 시작하기 때문이다. "여러 사람 앞에서 말하는 데 서툴러서." 같은 말은, 특히 거부감을 일으키지만 그밖에도 연설을 시작하는 첫 마디 말로서 부족한 경우가 많다. 가령 왜 이런 주제를 선택하게 되었는지 장황하게 말하는 것, 준비가 부실하다는 것을 고백하는 것(고백하지 않아도 청중은 금세 그 사실을 알아차린다), 또는 목사가 설교문을 읽듯 말하려는 이야기의 주제나 메시지를 주절주절 늘어놓는 것도 행동을 촉구하는 짧은 연설을 할 때 피해야 하는 태도다.

수준 높은 잡지와 일간지 기자들한테서 팁을 얻어라. 사례를 들어 말을 하면 즉각적으로 청중의 관심을 사로잡을 수 있다.

여기 자석처럼 내 관심을 끌어당겼던 몇 가지 오프닝 멘트가 있다.

"1942년 어느 날 눈을 떠보니 어떤 병원의 침상에 누워있었습니다."

"어제 아침 식사 때 아내가 커피를 따를 때였습니다."

"지난 7월 저는 42번 고속도로를 빠르게 달리고 있었습니다."

"제 사무실 문이 열리고 현장감독 찰리 밴이 뛰어들어 왔습니다."

"저는 호수 한가운데에서 낚시를 하고 있었습니다. 문득 고개를 들었는데 모터 보트가 저를 향해 질주해오더군요."

누가, 언제, 어디서, 무엇을, 어떻게 같은 질문에 대답하는 문장으로 말하기를 시작하는 것은 주의를 끌기 위해 이용했던 세계에서 가장 오래된 방법이다. '옛날 옛적에'로 시작하는 이야기는 어린아이의 상상력의 포문을 여는 마법 같은 말이다. 이처럼 인간의 호기심을 자극하는 방식으로 말하기를 시작하면 당신도 첫 마디로 청중의 마음을 사로잡을 수 있다.

적절한 세부 묘사를 넣어 사례를 들어라

자세하게 말하는 것 자체로는 흥미를 불러일으키지 않는다. 가구와 장식품들로 어지러운 방은 매력적이지 않듯 말이다. 불필요한 디테일로 가득한 그림도 시선을 어디에 두어야 할지 모르게 만든다. 마찬가지로 너무 많은 세부 묘사-그것도 별로 중요하지 않은-가 들어가면 청중의 인내심을 시험하는 지루한 연설이 되기 십상이다. 말하려는 내용의 요점과 이유를 강조하는 데 도움이 되는 디테일만 골라서 말해야 한다. 가령 청중에게 장기 여행을 떠나기 전에 반드시 자동차를 점검해야 한다고 강조하고 싶으면 당신이 여행을 떠나기 전에 자동차를 점검하지 못해서 겪은 사례와 관련된 세부 묘사만 해야 한다. 그런 이야기를 하는 중에 경치가 아름다웠든지 목적지에 도착한 뒤 어디에서 머물렀든가 하는 따위의 이야기가 나오면 요점을 흐리고 청중의 관심을 분산시킬 뿐이다.

구체적이고 다채로운 어휘로 적절하게 세부 묘사를 하면 사건이 일어났을 때처럼 재현하고 청중으로 하여금 눈앞에서 벌어지는 일을 보듯 생생하게 느끼게 해준다. 단순히 부주의해서 그런 사고를 겪었다는 식으로 말하면 너무 밋밋하고 재미가 없으며 운전을 할 때 조심해야 한다는 것을 절실하게 느끼지 못한다. 하지만 공감각적인 표현을 충분히 사용해서 당신이 겪은 놀라운 경험을 생생하게 묘사하면 청중의 의식 속에 그 사건이 아로새겨진다. 여기 어떤 수강생이 겨울철 도로에서 조심해야 한다는 사실을 강조하기 위해 든 사례를 보자.

"1949년 크리스마스를 얼마 앞두지 않은 어느 날 아침이었습니다. 저는 인디애나의 41번 도로를 북쪽으로 달리고 있었습니다. 차에는 아내와 두 아이가 타고 있었습니다. 우리는 몇 시간쯤인가 거울처럼 반짝거리는 빙판길을 엉금엉금 기어갔습니다. 핸들을 살짝만 잘못 건드려도 제 포드 자동차의 후미가 기분 나쁘게 옆으로 미끄러졌습니다. 추월하거나 차선을 바꾸려는 운전자는 거의 없었고, 시간은 차들만큼이나 느릿느릿 흘러가는 것 같았습니다. 그러다 어느새 햇살에 빙판이 녹아 질척거리는 넓은 길에 다다랐습니다. 저는 허비한 시간을 벌기 위해 가속기를 밟았습니다. 다른 차들도 마찬가지였습니다. 모두가 갑자기 누가 빨리 시카고에 가나 내기를 하는 것만 같았습니다. 위험에 대한 긴장감이 풀리자 아이들은 뒷좌석에서 노래를 부르기 시작했습니다. 그런데 도로가 갑자기 오르막길이 되더니 숲길이 나왔습니다. 차가 언덕 위에 이르렀을 때 저는 너무 늦었지만, 그 언덕 북쪽 경사면에 아직 태양의 열기가 닿지 않았음을 깨달았습니다. 그야말로 얼음이 잔잔한 강물처럼 깔려 있었습니다. 우리 앞에 달리던 차가 위태롭게 달리는가 싶더니, 그러고 나서 우리 차가 미끄러지고 말았습니다. 우리 차는 통제력을 잃고 언덕을 넘어 그대로 미끄러져 눈 덮인 제방에 부딪쳤습니다. 뒤따라오던 차들도 미끄러져 우리 차 옆을 들이받았습니다. 차 문은 찌그러졌고 우리는 유리 파편 세례를 받았습니다."

이 사례에서 풍부한 세부 묘사는 청중들로 하여금 마치 그 현장에 있었던 것처럼 느끼게 해준다. 어쨌든 당신의 목적은 청중에게 자신이 본대로 보여주고, 들은 대로 들려주며, 느낀 대로 느끼게 하는 데 있다.

이런 효과를 얻으려면 세부 묘사를 구체적이고 풍부하게 하는 방법밖에 없다. 4장에서 강조했듯이 연설을 준비한다는 것은 누가, 언제, 어디서, 어떻게, 그리고 왜라는 질문에 대한 대답을 재구성하는 일이다. 당신은 말로 그림을 그려서 청중이 시각적으로 상상을 하도록 자극해야 한다.

경험을 이야기할 때 그 경험을 두드러지게 하라

그림처럼 생생하게 세부 묘사를 하는 것 말고도 연사는 자신이 이야기하는 경험을 두드러지게 해야 한다. 말하기를 연극과 자매지간처럼 접근해야 하는 이유가 여기에 있다. 위대한 웅변가는 저마다 연기 감각을 지니고 있다. 하지만 이것이 웅변가한테서만 찾아볼 수 있는 드문 특징은 아니다. 아이들은 대부분 연기 소질이 풍부하다. 우리가 아는 사람들 중에도 타이밍이라든가 얼굴 표정, 흉내 내기, 팬터마임 같은 감각을 타고 난 경우가 많은데, 이것도 연기하는 데 귀중한 재능이다. 우리는 누구나 이런 재능을 갖고 있어서 조금만 노력하고 연습하면 많이 발전시킬 수 있다.

사건을 재현할 때 몸짓과 흥을 많이 넣을수록 청중에게 더 깊은 인상을 준다. 말로 세부 묘사를 아무리 풍부하게 해도 연사가 온갖 열의를 발휘해 재현하지 못하면 호소력이 떨어지게 마련이다. 화재 사건을 이야기하려고 하는가? 그렇다면 소방수가 화염과 사투를 벌일 때의 그런 흥분된 감정이 청중에게 전달되게 해야 한다. 이웃과 언쟁을 벌였던 일을 이야기하려고 하는가? 그렇다면 연기하듯 말하라. 물에 빠졌을 때 엄습해오던 공포심과 필사적으로 싸운 이야기를 하려고 하는가? 인생에서 그런 끔찍했던 순간에 느꼈던 절망스러움을 청중도 공감할 수 있게 하라. 이런 사례를 드는 이유는 당신의 연설이 오래도록 기억에 남게 하기 위해서다. 그 사례가 머릿속에 각인될 때만이 청중은 당신의 이야기와 충고를 기억할 것이다. 우리는 윔즈(1759~1825. 작가, 워싱턴의 전기작가로 유명-역자주)가 쓴 전기에 나오는 유명한 벚꽃 나무 사건 덕분에 조지 워싱턴의 정직성을 기억한다. 신약 성서는 풍부한 예화를 이용해서 우리에게 도덕적인 행동을 하도록 강화시킨다. 예를 들면, 선한 사마리아인의 이야기가 그렇다.

사건을 사례로 들면 이야기를 더 쉽게 기억할 수 있을 뿐만 아니라 흥미롭고 설득력이 강하며 이해도 쉬워진다. 인생이 당신에게 가르쳐 준 교훈은 청중에게도 신선하게 받아들여진다. 그런 의미에서 청중은 이미 당신이 의도하는 바에 반응하도록 되어 있는 셈이다. 여기까지 이르면 마법의 법칙 중 2단계로 들어가는 관문에 서 있게 된다.

둘째, 청중에게 바라는 요점을 말하라

행동을 촉구하는 연설에서 사례를 드는 단계는 전체 시간에서 4분의 3 이상을 차지한다. 당신이 2분 동안 연설을 한다고 치자. 이제 당신에게는 20초밖에 남지 않았고, 그 시간에 청중에게 당신이 원하는 바를 이해시키고, 당신이 시키는 대로 하면 결과적으로 이득을 볼 거라고 강조해야 한다. 세부 묘사가 필요한 단계는 이미 끝났다. 이제는 직설적이고 단도직입적으로 말해야 할 때다. 신문 기사를 쓸 때와 반대이다. 즉, 헤드라인을 먼저 쓰는 대신 뉴스 내용을 먼저 알리고 나서 요점이나 행동을 촉구하는 헤드라인을 쓰는 것이다. 이 단계에서는 다음 세 가지 점만 염두에 두면 된다.

간결하고 구체적으로 요점을 말하라

청중에게 당신이 원하는 바를 정확히 말해야 한다. 사람은 자기가 명확하게 이해하는 내용만 행동으로 옮긴다. 우선 당신이 청중에게 바라는 바가 무엇인지, 당신이 든 사례를 듣고 어떻게 행동해주기를 바라는지 스스로 물어보는 것이 필수적이다. 단어 수를 줄여 최대한 구체적이고 명확한 단어를 이용해 핵심적인 내용만 적어보는 것도 좋은 방법이다.

"우리 지역 보육원의 원아들을 도와주십시오."

이렇게 말하지 마라. 너무 밋밋하다. 대신 이렇게 말하라.

"다음 주 일요일 스물다섯 명의 아이들을 피크닉에 데려갈 수 있게, 오늘 저녁 서명을 해주십시오."

모호하게 머릿속으로 행동하기보다는 겉으로 보이는, 명시적인 행동을 요구하는 것이 중요하다. 예컨대 "가끔 조부모님 생각을 하십시오." 라는 말은 행동으로 연결시키기에는 너무 막연한 말이다. 대신 이렇게 하라.

"이번 주말에 꼭 조부모님을 찾아보십시오."

"나라를 사랑하십시오." 같은 말도 "다음 주 화요일에 꼭 투표를 하십시오."라고 바꿔 말해야 한다.

청중이 실천하기 쉽게 요점을 말하라

어떤 문제든 청중이 이해하고 행동으로 옮기기 쉽게 요점을 말하고 행동을 촉구하는 것은 연사의 책임이다. 그러려면 가장 좋은 방법이 구체적으로 말하는 것이다. 만약 청중에게 이름을 잘 외우라고 조언하고 싶으면 "자, 이제부터 이름을 잘 기억하는 능력을 기르세요."라고 말하지 마라. 이는 너무나 막연해서 실행으로 옮기기 어렵다. 대신 이렇게 말하라.

"여러분이 처음 만나는 사람의 이름을 만난 후 5분 안에 다섯 번만 외워 보세요."

구체적으로 행동 지침을 주는 연사는 막연하게 말하는 연사보다 청중에게 더욱 성공적으로 동기 부여를 하는 경향이 있다.

이렇게 말해보자.

"강의실 뒤편에 놓아둔 카드에 건강을 기원하는 말을 적고 이름을 적으세요."

병원에 입원한 동료 수강생에게 안부 카드나 편지를 보내라고 하는 것보다 훨씬 낫다.

요점을 부정적으로 말하느냐, 긍정적으로 말하느냐 하는 문제는 청중의 관점에서 바라보라고 대답하고 싶다. 부정적으로 말하는 요점이 반드시 효과가 없는 것은 아니다. 어떤 태도를 피하라고 말할 때가 바로 그런 전형적인 경우로 이때는 긍정적인 말로 호소하는 것보다 오히려 설득력이 크다. '전구를 훔치지 마라.'라고 한 광고 문구는 몇 년 전 전구를 팔기 위해 고안한 광고 캠페인으로 엄청난 효과를 거두었다.

확신을 갖고 요점을 강조해서 말하라

요점은 이야기 전체에 걸쳐 있는 주제이다. 따라서 강력하고 확고한 태도로 요점을 말해야 한다. 헤드라인을 볼록체로 돋보이게 하듯, 행동에 대한 촉구는 목소리에 힘을 주어 단순명료하게 강조해야 한다. 당신은 이제 마지막으로 청중에게 강한 인상을 남기려고 한다. 행동을 촉구하는 당신의 진정성 있는 호소를 청중이 느낄 수 있게 하라. 주문하는 태도가 불확실하거나 머뭇거려서는 안 된다. 설득력 있는 태도는 마지막 말을 할 때까지 잃지 말아야 하며, 그 상태에서 마법의 원칙의 3단계로 넘어간다.

셋째, 기대되는 이득 또는 이유를 말하라

이때도 역시 간결성과 경제성이 필요하다. 이유를 설명하는 이 단계에서는 당신이 말한 대로 했을 때 청중이 기대할 수 있는 인센티브나 보상을 제시해야 한다.

당신이 말한 이유는 반드시 사례와 관련성이 있어야 한다

대중 연설에서 청중에게 동기를 부여하는 방법에 관한 글은 매우 많다. 남을 설득해서 행동하게 만들려는 사람에게는 광범위하면서도 유익한 주제이다. 우리가 지금 이 장에서 다루는, 행동을 촉구하는 짧은 연설을 할 때는 그 행동으로 얻어지는 이득을 한두 마디로 강조하고 나서 자리에 앉는 것이 좋다. 다만 이때 사례를 드는 단계에서 암시했던 이득과 일치시키는 것이 무엇보다 중요하다. 만약 당신이 중고차를 산 덕분에 돈을 아꼈던 경험담을 이야기하며 청중에게도 중고차를 사도록 권유했다면 이유를 말하는 단계에서도 청중에게 중고차를 사면 경제적으로 이득이라고 말해야 한다. 뜬금없이 중고차 중에 최신 모델보다 멋있는 차가 있다는 식으로 사례와 동떨어진 이유를 말해서는 안 된다.

한 가지 이유만 강조하라

대개의 영업사원은 자신의 물건을 사야 하는 이유를 대여섯 가지 제시할 수 있다. 마찬가지로 당신은 자신의 요점을 뒷받침하는 이유를 여러 개 말할 수 있고, 아마 모두가 앞에서 든 사례와 관련해서 적합한 이유들일 것이다. 다만 이 단계에서는 가장 강력한 이유 또는 혜택을 한 가지만 선택해서 거기에 집중하는 것이 최선이다. 청중에게 마지막으로 하는 말은 신문에 실린 광고의 메시지처럼 명확해야 한다. 다양한 재능이 결집되어 만들어진 신문 광고 문안을 연구하면 이야기의 요점과 이유를 처리하는 방법을 배울 수 있다. 광고는 오로지 어떤 물건이나 생각을 팔기 위해 만들어졌다. 인기 있는 광고를 보면 어떤 물건을 사야만 하는 이유를 한 가지 이상 말하는 경우는 많지 않다. 같은 회사라도 매체에 따라, 예컨대 텔레비전에서 신문까지 물건을 사도록 호소하는 방법은 다를 수 있지만 청각적이거나 시각적인 것을 막론하고 한 광고에서 여러 가지를 호소하는 경우는 거의 없다.

잡지나 신문, 텔레비전에서 본 광고를 연구하고 내용을 분석해보면 물건을 사도록 사람들을 설득하는 데 마법의 법칙이 놀랄 만큼 많이 이용된다는 사실을 깨닫게 된다. 그것이 일반적인 광고와 상업 광고를 하나의 덩어리로 묶어주는 관련성의 끈이다.

사례를 드는 방법은 여러 가지가 있다. 예컨대 전시물을 이용하거나 실연을 해 보인다든지 권위자의 말을 인용하는 방법도 있고 비교하기, 통계 숫자를 제시하는 방법도 있다. 이 방법들은 13장에서 더 자세히 설명할 것이며 그때 청중을 설득하는 긴 연설에 대해서도 논하려고 한다. 이 장에서는 개인적인 경험을 사례로 들어 행동을 촉구하는 짧은 연설에 한정시켜 공식을 적용시켜 보았다. 이 방법은 연사가 쓸 수 있는 가장 쉽고, 흥미로우며 극적이고 설득력이 강한 방법이다.

정보를 제공하는 연설

당신은 언젠가 조사위원회 소속 국회의원들을 지루함으로 뒤척이게 만들었던 누군가와 비슷한 사람들의 연설을 자주 들었을 것이다. 그는 정부의 고위 관리였음에도 자신의 뜻을 정확히 설명하지 않고 계속해서 모호한 말만 늘어놓았다. 요점이 없고 불분명해서 위원회의 당황스러움은 시간이 갈수록 심해졌다. 마침내 위원회 소속의 새뮤얼 제임스 어빙 주니어 의원이 노스캐롤라이나 출신의 다선 의원 자격으로 기회를 얻어 발언하기 시작했다.

어빙 의원은 그 고위 관리를 보니 자신의 고향 사람이 생각난다고 했다. 그 남자는 변호사에게 아름답고 요리도 잘하고 엄마로서도 훌륭한 자기 아내와 이혼을 하고 싶다고 털어놓았다.

"도대체 왜 그런 아내와 이혼하려고 하는 거죠?"

변호사가 물었다.

"온종일 쉴 새 없이 말을 해서요."

남편이 대답했다.

"무슨 말을 하죠?"

"그게 문제입니다."

남편이 말했다.

"아내는 절대 얘기해주지 않거든요!"

남녀 할 것 없이 많은 연사들의 문제는 이 점이다. 듣는 사람이 연사가 무슨 말을 하는지 모른다는 것이다. 그들은 절대 말해주지 않는다. 자신의 뜻을 명확히 설명하지 않는다.

앞에서는 청중으로부터 행동을 이끌어내기 위한 짧은 연설을 할 때 필요한 공식에 대해 배웠다. 이제부터는 청중에게 동기를 부여하는 게 아니라, 정보를 제공하는 연설을 할 때 명확히 의사를 전달하는 방법에 관해 설명하려고 한다.

우리는 매일 수없이 많은 정보를 전달하기 위해 말을 한다. 지시를 내리거나 설명을 하거나 보고를 한다. 언제, 어디에서나 하게 되는 온갖 말하기 중에 정보를 제공하는 말하기는 설득하거나 행동을 촉구하는 말하기에 버금간다. 사실 정확하게 말하기는 남에게 행동을 촉구하는 말하기보다 선행되어야 할 능력이다. 미국의 유명한 기업가 오엔 영은 현대 사회에서 명확한 표현이 얼마나 중요한지 강조한다.

'타인에게 자신을 이해시키는 능력이 확장되면 자신에게 유용한 기회를 넓힐 수 있게 된다. 아무리 간단한 문제라도 서로 협력해야 할 필요가 있는 우리 사회에서 무엇보다 중요한 점은 서로 이해의 폭을 넓

히는 일이다. 언어는 이해의 주요한 수단인 만큼 분별 있게 사용하는 방법을 배워야 한다.'

이 장에서는 청중이 이해하기 쉽도록 명확하고 분별 있게 어휘를 고르는 데 도움이 되는 몇 가지 조언을 할 것이다.

"생각할 수 있는 것은 무엇이든 더 명확하게 생각할 수 있다. 말로 표현할 수 있는 것은 무엇이든 더 명확히 말로 표현할 수 있다."

루트비히 비트겐슈타인은 이렇게 말했다.

첫째, 할당된 시간에 맞춰 주제를 한정시켜라

윌리엄 제임스 교수는 교사들과 이야기를 나누는 자리에서 누구나 한 번의 강의에 한 가지 논점만 말할 수 있다고 했다. 그가 말한 강의는 1시간짜리를 말한다. 그런데 최근 3분만 연설을 할 수 있게 제한을 받은 어떤 연사는 11가지 논점에 대해 말하려고 하니 우리에게 정신을 집중하기 바란다고 했다. 한 가지 논점당 16.5초밖에 시간이 없다는 말이 아닌가! 지각 있는 사람이 그런 바보짓을 하려고 하다니! 어처구니가 없었다. 사실, 이것은 극단적인 경우이지만 그 정도는 아니더라도 거의 모든 초보자들이 그와 비슷한 실수를 저지른다. 마치 하루 사이에 파리의 모든 것을 보여주려는 쿡(현재 토머스 쿡 그룹이라는 여행사를 설립한 사람-역자주)의 여행 안내서 같다. 하기야 30분 동안 미국의 자연사 박물관을 걸어서 구경하듯 그렇게 할 수도 있을 것이다. 하지만 정확함과 즐거움을 동시에 얻을 수는 없다. 연사가 마치 세계 기록을 세우려는 듯 할당된 시간에 모든 주제를 다루려고 하면 기억에 남는 연설을 하지 못한다. 산양처럼 이 주제에서, 저 주제로 펄쩍펄쩍 뛰어다니게 된다.

예를 들어, 노동조합에 관해 이야기한다고 치자. 노동조합의 기원, 노동조합이 이용하는 전술, 그들이 세운 공적과 그들이 초래한 폐해, 노동쟁의를 해결하는 방법 등에 대해 모두 이야기하려면 3분에서 6분으로는 어림도 없다. 불가능하다. 설령 그렇게 해도 듣는 사람은 당신이 말한 개념을 정확히 이해하지 못할 것이다. 그저 혼란스럽고 모호하며 단순한 개요만 설명하는 수박 겉핥기식이 될 게 뻔하다.

그럴 바에야 한 가지만, 노동조합의 한 가지 측면만 선택해서 적절히 예시를 들어 설명하는 편이 현명하지 않을까? 아마 그럴 것이다. 그런 식으로 이야기를 하면 단일한 인상을 남긴다. 명쾌하여 알아듣기 쉽고 기억하기 쉽다.

어느 날 아침, 친분 있는 기업체 사장을 만나러 갔는데 그의 사무실 문에 낯선 이름이 붙어 있었다. 오랜 친구인 인사부장이 나에게 어떻게 된 사연인지 설명해주었다.

"그의 이름이 결국 발목을 잡았다네."

내 친구가 말했다.

"그의 이름이?"

내가 되물었다.

"그는 회사를 지배하는 존스 일가 중 한 명이 아니었나, 그렇지 않은가?"

"그의 별명 말일세, '지금 어디 계신가?' 모두가 사장님을 그렇게 불렀지. '지금 어디 계신가? 존스 씨.' 그런데 오래 버티지 못했네. 집안에서 사장 자리에 사촌을 앉히기로 결정을 내렸거든. 존슨 씨는 도무지 회사가 어떻게 돌아가는지 알려고 하지 않았지. 그렇다고 온종일 사무실에만 앉아 있었으면 오죽 좋았겠나. 그럼 무얼 했느냐고? 여기 짠, 저기 짠, 온종일 시도 때도 없이 아무 때나 나타났지. 일종의 시찰이었지. 그는 영업실적을 올리기 위해 전략을 연구하는 것보다 배송직원이 전등을 껐는지 타이피스트가 떨어뜨린 종이 클립을 주웠는지 감시하는 게 더 중요하다고 생각했네. 그랬으니 사장실에 앉아 있을 틈이 없었지. 그래서 직원들이 그를 가리켜 '지금 어디 계신가? 사장님.'이라고 불렀지."

'지금 어디 계신가?'

존스 씨의 이야기를 떠올리면서 나는 지금보다 훨씬 잘할 수 있는 많은 연사들 생각이 났다. 그들은 스스로 단련시키지 않아서 잘하지 못하는 것이다. 존스 씨처럼 너무 많은 것을 하려고 한다. 그들이 하는 말을 들어본 적이 있는가? 듣던 도중에 '저 연사가 지금 무슨 말을 하는 거야?' 하며 의아해한 적은 없는가?

경험 많은 연사도 곧잘 이런 잘못을 저지른다. 아마도 여러 가지를 할 수 있다는 사실에 눈이 멀어 헛수고를 하고 스스로 위험에 빠뜨리게 되는 것 같다. 그들처럼 될 필요는 없다. 자신의 중요한 주제에만 집착하라. 매달려라. 자신을 명확하게 표현하면 듣는 사람은 언제나 이렇게 말할 것이다.

"당신 말이 이해가 가요. 당신이 무슨 말을 하는지 알아요!"

둘째, 생각을 질서 있게 정리하라

어떤 주제든 시간과 공간, 또는 특별한 화제에 따라 논리에 맞게 정리함으로써 전개시켜 나갈 수 있다. 예컨대 시간 순으로 정리할 때는 과거, 현재, 미래의 세 범주로 나누어 주제를 전개시켜 나가거나 아니면 특정한 날짜에서 시작해서 그 전날로 거슬러 올라가거나 앞으로 나아갈 수도 있다. 예를 들어 무언가를 만드는 과정에 관해 이야기한다고 가정하면, 원료 단계에서 시작해서 다양한 공정을 거쳐 완제품을 만드는 단계로 나아간다. 물론 얼마나 자세히 말하는가는 주어진 시간에 따라 달라진다.

공간에 따라 순서를 정할 때는 특정한 지점에서 외곽으로 나아가거나 아니면 동서남북 방향에 따라 주제를 전개시켜 나간다. 가령 워싱턴 D.C.를 설명한다고 치자. 당신은 청중을 국회의사당 꼭대기로 데려간 뒤 방향별로 흥미로운 볼거리를 설명하면 된다. 또 제트 기관이나 비행기를 설명한다면 비행기를 분해하여 부품별로 설명하는 것이 최선일 것이다.

어떤 주제는 이미 순서가 정해져 있다. 가령 미국의 정부 조직에 관해 설명한다면 기존의 조직 형태에 따라 입법부, 행정부, 사법부로 구분해서 설명하는 편이 좋을 것이다.

셋째, 요점에 번호를 붙여라

연설 내용을 청중의 머릿속에 깔끔하게 각인시키는 가장 간단한 방법은 요점을 한 가지 말하고 나서 다음 요점으로 넘어갈 때 그 사실을 분명히 언급하는 것이다.

"첫 번째 요점은 이것입니다."

이렇게 투박하게 말할 수도 있다. 첫 번째 요점을 말하면서 단도직입적으로 두 번째 요점으로 넘어가겠다고 말할 수도 있다. 이런 방식으로 끝까지 나아가는 것이다.

랠프 번치 박사는 UN의 사무차장 보좌역을 맡고 있을 때 뉴욕 로체스터 시티 클럽에서 중요한 연설을 하면서 이렇게 단도직입적인 방법을 사용했다.

"저는 오늘 저녁 두 가지 이유에서 '인간관계의 도전'이라는 연설 주제를 정했습니다."

그는 곧 이렇게 덧붙였다.

"첫째, …… ."

그리고 말을 이어나갔다. "둘째, …… ."

연설을 하는 내내 그는 자신이 말하고 싶은 요점을 하나하나 명확하게 짚어서 설명했고 이렇게 결론 내렸다.

"우리는 선을 추구하는 인간의 잠재력에 대한 믿음을 결코 저버려서는 안 될 것입니다."

경제학자인 폴 더글러스가 한때 침체에 빠졌던 이 나라의 기업 활동을 촉진시키기 위해 결성된 상하 양원의 합동 위원회를 상대로 한 연설에서도 똑같은 방식에 효과적인 변형이 가해졌다. 그는 세금전문가 겸 일리노이 주 상원의원의 자격으로 연설을 했다.

"제가 주장하는 바는…… ."

그는 이렇게 연설을 시작했다.

"이겁니다. 가장 신속하고 효과적인 조치는 하층과 중간층의 소득 집단 즉, 수입의 대부분을 소비하는 집단의 세금을 깎아주는 겁니다."

"구체적으로 말해…… ."

그는 계속했다.

"더욱이……."

그가 계속했다.

"게다가……."

그가 계속했다.

"세 가지 중요한 이유가 있습니다…… 첫째, …… 둘째, …… 셋째, ……."

"요약해서 말하면, 우리에게 필요한 조치는 수요와 구매력을 증진시키기 위해 소득 수준이 하층과 중간층인 집단에 대한 감세 정책을 조속히 실시하는 겁니다."

넷째, 낯선 것을 익숙한 것과 비교하라

이따금 말하려는 바를 열심히 설명하지만 소용이 없어서 당황하는 자신을 발견할 때가 있다. 자신은 명확하게 알고 있어도 듣는 사람에게 명확하게 이해시키려면 적절한 설명이 필요하다. 그럴 때는 어떻게 할까? 청중이 이해하는 내용과 비교해서 설명하라. 이것은 그것과 비슷하고 당신이 잘 모르는 것은 잘 아는 어떤 것과 비슷하다. 이런 식으로 말이다.

산업의 발달에 지대한 공헌을 하고 있는 화학 현상 중 하나인 촉매제에 관해 설명한다고 치자. 촉매제란 자신은 변하지 않으면서 다른 물질에 변화를 일으키는 물질을 뜻한다. 간단한 설명이다. 하지만 이렇게 설명하면 더 좋지 않을까?

"촉매제란, 운동장에서 다른 아이들의 발을 걸어 넘어뜨리고 괴롭히며 쿡쿡 찌르기도 하면서 자신은 한 대도 얻어맞지 않는 꼬마와 같다."

지난날 선교사들이 적도 아프리카에 사는 어떤 종족의 언어로 성경을 번역할 때 원주민에게는 낯설기만 한 구절을 익숙한 말로 바꾸면서 이런 문제를 겪었다. 그들은 글자 그대로 옮겨야 했을까? 하지만 그럴 경우 어떤 구절은 원주민들에게 아무 의미도 갖지 못할 거라는 사실을 선교사들은 잘 알았다.

예를 들어 이런 구절이 있다.

'너의 죄가 주홍빛이더라도 눈처럼 희어지게 되리라.'

이 말을 글자 그대로 옮겨야 했을까? 원주민들은 정글의 이끼와 눈을 구별할 줄도 몰랐다. 다만 코코넛 나무에 기어 올라가 가지를 흔들어 점심에 먹을 열매를 떨어뜨렸다. 선교사들은 미지의 것을 익숙한 것에 비유했다. 그들은 그 문장을 이렇게 바꾸었다.

'비록 너의 죄가 주홍빛이라고 해도 코코넛 속살처럼 희어지게 되리라.'

이 상황에서 이보다 더 훌륭한 번역은 없을 것이다. 그렇지 않은가?

사실을 그림으로 묘사해라

달은 얼마나 멀리 떨어져 있을까? 태양은? 지구와 가장 가까운 행성은? 과학자들은 우주여행에 관한 질문을 어마어마한 숫자로 대답하는 경향이 있다. 하지만 과학 관련 강연자나 저술가는 평범한 독자에게 그런 식으로 설명해서는 안 된다는 것을 알고 있다. 그들은 숫자를 그림으로 바꾼다.

저명한 과학자 제임스 진스 경은 우주를 탐험하려는 인류의 열망에 특히 관심이 많았다. 그는 과학 전문가로서 우주 관련 수학에 능통했으며, 글을 쓰거나 말을 할 때 꼭 필요한 경우 숫자를 인용하면 효과적이라는 사실도 알았다.

진스 경은 저서 《우리를 둘러싼 우주The Universe Around Us》에서 태양과 우리를 둘러싼 행성은 매우 가까이 있기 때문에 우주를 돌고 있는 다른 별들이 얼마나 멀리 떨어져 있는지 자각하지 못한다고 말했다. 그는 "가장 가까운 별(프록시마 센타우리)조차 25,000,000,000,000마일이나 떨어져 있다."라고 설명했다. 그리고 이 숫자가 더욱 실감 나도록 만약 우리가 지구를 떠나 빛의 속도로 여행하면 프록시마 센타우리까지 가는 데 4년 3개월이 걸린다고 덧붙였다.

이런 식으로 그는 우주에서의 먼 거리를 실감 나게 보여주었다. 한편 어떤 연사는 알래스카의 면적을 이야기하면서 그렇게 간단히 설명했다. 그는 알래스카의 면적이 59만 804제곱마일이라고 말하면서 그 규모를 정확하게 보여주려고 했다.

그런데 그 표현이 미국 49번째 주의 크기를 그림을 보는 것처럼 실감나게 해주는가? 내 경우에는 그렇지 못했다. 그 후 다른 경로를 통해 알래스카가 버몬트, 뉴햄프셔, 메인, 매사추세츠, 로드아일랜드, 코네티컷, 뉴욕, 뉴저지, 펜실베이니아, 델라웨어, 메릴랜드, 웨스트버지니아, 노스캐롤라이나, 사우스캐롤라이나, 조지아, 플로리다, 테네시, 미시시피를 모두 합친 것보다도 크다는 사실을 알게 되었는데, 그때야 그 크기를 실감했다. 이제야 590만 804제곱마일이라는 크기가 새로운 의미로 다가오지 않는가? 알래스카에서는 돌아다닐 곳이 무궁무진하다는 사실을 깨달았을 것이다.

몇 년 전 우리 수강생 한 명이 고속도로 교통사고로 인한 희생자들의 숫자를 한 장의 무시무시한 사진을 보는 것처럼 설명했다.

"여러분은 지금 뉴욕에서 로스앤젤레스까지 대륙을 횡단하고 있습니다. 고속도로 표지판 대신 지난해 교통사고로 죽은 희생자들이 담긴 관이 서 있다고 상상해보십시오. 여러분은 5초에 한 번씩 그 으스스한 표지판 옆을 지나갑니다. 아마 대륙의 이쪽 끝에서 저쪽 끝까지 1마일당 12개의 관을 지날 겁니다!"

그 후로는 차를 타고 멀리 가지 않아도 그 경악할 만한 현실을 표현한 사진이 눈앞에 보이는 것만 같았다.

왜 그럴까? 귀로 들은 인상은 오래 남지 않는다. 너도밤나무의 매끄러운 나무껍질에 떨어지는 진눈깨비처럼 스르르 사라져버린다. 그에 비해 눈으로 본 인상은 어떨까? 나는 몇 년 전 다누베의 강둑에 있는 낡은 집에 깊이 박힌 폭탄을 보았다. 나폴레옹의 포병대가 울름 전투에서 쏜 포탄이었다. 시각적인 인상은 그 포탄과 비슷하다. 무시무시한 충격과 함께 다가와 그 자체가 뇌리에 박힌다. 박혀서 좀처럼 빠지지 않는다. 그리하여 그때의 인상은 보나파르트가 오스트리아인을 격퇴한 것처럼 반대되는 연상을 몰아내는 경향이 있다.

전문 용어는 피하라

만약 당신이 전문 영역에 속한 직업을 갖고 있으면-변호사라든지 의사, 엔지니어처럼 매우 전문화된 업종에 종사하고 있다면-일반 사람들과 대화를 할 때 쉬운 용어를 쓰고 자세히 설명하는 등 두 배로 주의를 기울여야 한다.

직업상 수없이 많은 연설을 듣는 나는 각별히 조심하지 않아서 실패하는, 그것도 처참하게 실패하는 연사들을 많이 보았다. 연사는 자신만의 특수한 전문 분야를 평범한 청중은 조금도 모른다는 사실을 인식하지 못하는 것 같았다. 왜 그럴까? 그들은 자신들의 경험을 통해 터득하고, 자신들만 즉각적으로 알아듣는 용어를 사용해서 머릿속 생각을 장황하게 늘어놓았다. 하지만 그 분야에 지식이 없는 사람들에게는 아이오와나 캔자스의 새로 갈아엎은 옥수수밭에 장맛비가 내린 후의 미주리 강물처럼 깜깜했을 것이다.

이런 연사는 어떻게 해야 할까? 인디애나 출신의 전직 국회의원 비버리지가 단숨에 써내려간 이 글을 읽고 조언에 귀를 기울여라.

'청중 중에 가장 지적으로 보이지 않은 사람을 한 명 택해 그가 당신의 말에 관심을 갖게 노력해보라. 이렇게 하면 어떤 사실을 쉽고 논리적이며 명확하게 설명하는 연습이 된다. 그보다 더 좋은 방법은 부모와 함께 온 어린이 청중의 수준에 맞춰 이야기를 전달하는 것이다. 자신에게 물어보라. 어린아이도 이야기를 이해하고 기억할 수 있을 정도로 당신의 설명이 간결하고 쉬운가? 연설이 끝난 후 그 아이가 당신에게서 들은 이야기를 남에게 설명할 수 있을까?'

우리 수강생 중 의사가 "횡격막 호흡은 장의 연동운동에 뚜렷한 도움이 되며 건강에도 이득이다."라고 말했다. 그는 이렇게 한 문장 툭 뱉고 나서 이내 다른 화제로 넘어가려고 했다. 그때 강사가 그의 말을 중단시키며 청중에게, 횡격막 호흡이 다른 호흡법과 어떻게 다른지, 왜 횡격막 호흡이 건강에 이로운지, 그리고 연동 운동은 무엇을 말하는지, 명확한 개념을 알고 있는 사람이 있으면 손을 들어보라고 했다. 그 결과에 의사는 크게 놀랐다. 그래서 그는 다시 뒤로 거슬러 가서 다음과 같이 자세히 설명했다.

"횡격막이란 폐 아래쪽과 복강의 천장에 위치한 가슴의 밑부분을 구성하는 얇은 근육입니다. 우리가 가슴호흡을 하면 횡경막이 활동을 하지 않아 뒤집어놓은 세숫대야처럼 휘어져 있습니다. 그런데 복식 호흡으로 숨을 들이켜면 횡격막 근육은 아래로 내려와서 납작해지다시피 되고, 이때 위장 근육을 누르는 것처럼 느껴질 수도 있습니다. 그리고 이 횡격막이 아래로 내려가면 복부 윗부분의 장기 즉, 위장과 췌장, 비장과 신경총을 마사지하고 자극하는 효과가 있습니다. 당신이 다시 숨을 내뱉으면 위장과 다른 장기가 횡격막으로 올라가 붙어서 또다시 마사지하는 효과가 있습니다. 이런 마사지는 배설 작용을 도와줍니다. 몸이 건강하지 못한 원인은 대부분 장과 관련이 있습니다. 횡경막 호흡을 통해 위장과 내장이 적절히 운동을 하게 되면 소화불량이라든지 변비, 자가 중독 등은 자연히 없어질 것입니다."

무엇이든 설명을 할 때는 간단한 것에서 복잡한 것으로 옮겨가는 것이 좋다. 예를 들어, 가정주부들에게 냉동실의 성에를 제거하는 이유를 설명한다고 치자. 이렇게 하는 것은 잘못이다.

"냉장고의 원리는 증발기가 냉장고의 내부에서 열을 빼낸다는 사실에 근거하고 있습니다. 이때 열이 빠져나가면서 함께 나온 습기가 증발기에 달라붙어서 두꺼운 성에를 형성하면 증발기를 절연시키게 되고, 그 때문에 모터는 더 많이 돌아가게 됩니다."

연사가 가정주부들에게 익숙한 말로 설명하면 얼마나 더 이해하기 쉬운지 비교해보라.

"냉장고에서 육류를 얼리는 곳이 어디인지 알고 계실 겁니다. 그리고 냉동실에 얼마나 성에가 잘 끼는지도 알고 계실 겁니다. 성에가 매일 점점 더 두껍게 앉으면 나중에는 냉동고의 성에를 제거하지 않으면 냉장고가 제대로 작동되지 않을 지경이 됩니다. 알다시피 냉동고의 성에는 여러분이 잘 때 덮고 자는 담요나 집의 단열처리를 하는 벽 사이의 보온재와 같은 겁니다. 이 성에가 두꺼워지면 냉장고 안에서 열을 배출시켜 내부를 차갑게 유지하기가 힘들어집니다. 그 결과 냉장고의 모터는 냉장고를 차갑게 유지하기 위해 모터를 더 자주, 그리고 오래 돌려야 합니다. 하지만 냉장고에 자동 성에 장치가 있으면 성에가 절대 두껍게 앉지 않습니다. 그만큼 모터는 자주 움직이지 않아도 되고 움직이는 시간도 짧아지는 겁니다."

아리스토텔레스는 이런 문제에 관해 훌륭한 조언을 남겼다.

"생각은 현자처럼, 말은 평범한 사람처럼 하라."

만약 전문 용어를 사용해야 한다면 설명을 통해 청중이 그 의미를 알아들은 후에 사용하라. 전문용어가 핵심 용어라서 되풀이해서 사용하지 않을 수 없을 때는 더욱 그렇다.

언젠가 한 주식중개인이 투자와 금융의 기본을 배우기 원하는 여성들을 상대로 강연하는 것을 들었다. 그는 쉬운 단어를 사용해서 대화하듯 편안하게 설명을 했다. 하지만 설명이 아무리 쉽고 명쾌해도 토대가 되는 용어만은 청중에게 생소했다. '어음교환소'나 '해약 특권부 거래', '모기지 변제', '공매와 현물 매매' 등. 연사는 주식 거래에서 기본이 되는 이런 용어가 여성들에게 익숙하지 않다는 사실을 몰랐기에 매력적인 강연은 점점 수수께끼가 되었다.

당신은 잘 아는 단어가 다른 사람들에게 생소하다는 이유로 전문 용어를 쓰지 말아야 할 이유는 없다. 다만 그 용어를 사용하자마자 설명을 해줘라. 반드시 해야 한다. 그러라고 사전이 있는 것이다.

광고 음악에 관해 말하고 싶은가? 혹은 충동구매에 관해서? 교양 과목 과정 또는 원가 회계에 관해 말하고 싶은가, 아니면 정부 보조금 또는 자동차의 폐해에 관해? 자녀에 대한 허용적인 태도를 옹호하고 싶은가? 아니면 재고자산의 가치를 평가하는 후입선출법(LIFO)에 대해 설명하고 싶은가? 그렇다면 전문 분야의 기본 용어를 당신이 이해하는 것과 똑같이 청중도 이해할 수 있게 해줘라.

다섯째, 시각적인 보조수단을 사용하라

눈에서 뇌로 이어지는 신경은 귀에서 뇌로 이어지는 신경보다 몇 배 크다. 게다가 과학자들의 말에 따르면 우리는 제안을 귀로 들을 때보다 눈으로 볼 때 25배나 더 집중한다고 한다.

옛 일본 속담에도 이런 말이 있다.

'보는 것이 듣는 것보다 백배는 낫다.'

그래서 명쾌하게 설명하고 싶다면 요점을 눈에 보이는 것처럼 표현하고 생각을 시각화하는 게 효과적이다. 미국 현금 지급기 회사의 창업자인 존 패터슨도 그렇게 계획을 세웠다. 그는 〈시스템 매거진〉에 자신이 직원이나 영업 사원들을 상대로 강연을 할 때 쓰는 방법을 대강 소개한 적이 있다.

'상대에게 나를 이해시키고 관심을 얻고 주의를 끌기 위해서는 스토리에만 의존할 수 없다는 것이 나의 생각이다. 극적으로 보완할 필요가 있다. 예컨대 잘못된 방법과 옳은 방법을 보여줄 때 가능하면 사진을 이용해서 보완을 한다. 도표는 말로 설명하는 것보다 훨씬 설득력이 있고, 도표보다는 사진이 더욱 설득적이다. 어떤 주제를 발표할 때 가장 이상적인 방법은 세분된 각각의 내용을 사진으로 보여준 다음 말로 설명을 덧붙이는 것이다. 나는 일찍이 사람들을 설득할 때 말로만 하는 것보다는 사진이 훨씬 효과가 높다는 사실을 깨달았다.'

차트나 도표를 사용하는 경우에는 뒷줄까지 잘 보이게 충분히 커야 하며 아무리 효과가 좋아도 지나치게 사용하면 안 된다. 차트 설명이 너무 길면 청중이 지루해한다. 만약 이야기를 하면서 도표를 그릴 때는 칠판이나 플립형 차트에 대충 빠르게 그려야 한다. 듣는 사람은 대단한 예술작품을 기대하지 않는다. 글자는 생략법을 이용해서 크게 알기 쉽게 써라. 그림을 그리거나 글씨를 쓰는 동안에도 계속 말을 하고 청중을 돌아보라.

전시물을 사용할 때는 다음 제안을 따라라. 그러면 청중이 틀림없이 집중할 것이다.

1. 전시물은 사용하기 전에는 청중의 눈에 보이지 않게 하라.
2. 맨 뒷줄에서도 볼 수 있게 전시물은 충분히 커야 한다. 보이지 않는 전시물로는 청중이 아무것도 배울 수 없다.
3. 당신이 설명을 하는 동안 청중 사이에서 전시물을 돌려보지 않게 하라. 왜 경쟁을 유발하는가?
4. 전시물을 보여줄 때 청중이 볼 수 있게 높이 들고 있어라.
5. 움직이는 전시물은 움직이지 않는 전시물보다 10배의 효과가 있음을 명심하라. 가능하면 그런 식으로 보여줘라.
6. 말을 할 때 전시물을 쳐다보지 마라. 연사는 전시물이 아닌 청중과 교감을 나누려고 노력해야 한다.
7. 전시물과 관련된 이야기가 끝나면 가능한 눈에 띄지 않게 치워라.
8. 보여주려는 전시물 자체를 '호기심을 끄는 도구'로 이용하려면 테이블에 올려놓은 채 설명을 할 때 곁에 둬라. 뭔가로 덮어둬라. 연설을 할 때 그것을 언급함으로써 호기심을 불러일으키되, 무엇인지는 말하지 마라. 그러면 덮개를 벗기기 전까지 호기심과 기대와

강한 흥미를 불러일으킨다.

시각적인 자료는 명료함을 증진하는 도구로서 날이 갈수록 중요성이 커지고 있다. 당신이 이야기하려는 내용을 청중에게 확실히 이해시키기 위해서는 머릿속 생각을 말로 설명하는 것 못지않게 보여주는 것이 중요하다.

구어(口語)의 달인으로 일컬어지는 두 명의 미국 대통령을 분석해보면 명료하게 말하는 능력이 교육과 훈련의 결과임을 알 수 있다. 링컨 대통령이 말했듯이 우리는 열정을 갖고 명료하게 말하려고 노력해야 한다. 링컨은 녹스 대학교 총장인 걸리버 박사에게 자신이 젊은 시절에 이 '열정'을 어떻게 발전시켰는지 털어놓았다.

"아주 어렸을 적 나는 남이 내가 알아듣지 못하게 말을 하면 짜증을 부리곤 했습니다. 나는 평생 다른 일로는 화를 내지 않았다고 자부하는데, 그런 일이 있으면 언제나 화가 났고, 그 후로도 줄곧 그렇습니다. 한번은 저녁 때 이웃 사람이 아버지와 이야기하는 것을 듣고 나서 내 침대로 갔는데, 그날 밤 한숨도 못 자고 방 안을 왔다 갔다 하며, 그들이 나눈 이야기의 정확한 뜻이 무엇일까 궁금해했습니다. 나에게는 어둠의 계시 같았죠. 나는 종종 어떤 말을 되뇌고 또 되뇌며 어린아이도 이해할 수 있게 쉬운 말로 바꿀 때까지 생각에 생각을 거듭합니다. 그것은 일종의 열정이었고 그 버릇은 지금까지도 계속되고 있습니다."

또 한 명의 대통령은 우드로 윌슨이다. 그는 자신이 전달하려는 의미를 상대에게 정확하게 전달하는 방법에 관해 알아본 이 장을 제대로 끝낼 수 있게 몇 가지 조언을 해준다.

"나의 아버지는 지적 호기심이 왕성한 분이셨다. 내가 받은 최고의 교육은 아버지에게서 받은 것이다. 아버지는 분명하지 못한 것을 견디지 못하는 분이셨다. 나는 글을 배우면서부터 아버지가 81세로 돌아가신 1903년까지 내가 쓴 글은 모두 아버지께 보여드려야 했다. 아버지는 그 글을 큰 소리로 읽게 하셨는데, 그것은 언제나 고통스러운 일이었다. 이따금 아버지는 내 말을 가로막고 '그게 무슨 뜻이냐?' 하고 물으셨다. 나는 아버지에게 설명을 해야 했고, 그러면 종이에 썼던 것보다 훨씬 간결한 설명이 되었다. 그러면 아버지는 '그럼 왜 그렇게 쓰지 않았느냐?' 하고 꾸중하셨다. 그리고 이렇게 말씀하셨다.

"네 말의 의미를 새총으로 맞히지 마라. 그러면 시골 마을 아무 데나 쏘게 된다. 꼭 해야 할 말은 권총으로 정확히 맞혀야 한다."

Chapter 9 설득하기 위한 연설

허리케인 앞에 놓인 몇몇 남녀들이 있었다. 진짜 허리케인이 아니라 말하자면 허리케인이었다. 그 남자의 이름은 모리스 골드블 래트였다. 그 남녀 중 한 명이 그때 일을 이렇게 설명했다.

"우리는 시카고의 한 식당에서 점심을 먹으려고 둘러앉아 있었다. 우리는 이 남자가 대단한 연사로 이름을 날리고 있다는 사실을 알고 있었다. 그가 한마디 하려고 자리에서 일어섰을 때 우리는 기대에 찬 눈길로 바라보았다. 그가 조용히 말하기 시작했다. 쾌활하고 말쑥한 그 중년 신사는 먼저 초대해주어 감사하다고 했다. 그러고는 심각한 주제에 관해 말하려고 하는데 불쾌하더라도 양해해달라고 했다. 그러더니 마치 회오리바람처럼 기습 공격을 했다. 그는 앞으로 몸을 숙이며 눈빛으로 우리를 꼼짝 못 하게 했다. 그의 목소리는 별로 높지 않지만 나는 공으로 한 대 얻어맞은 것 같았다. '옆에 계신 분들을 돌아다 보십시오.' 그가 말했다. '서로 마주 보십시오. 지금 이 식당에 앉아 있는 사람들 중에 몇 명이나 암으로 죽는지 아십니까? 여러분 네 명 중에 한 명만 45세를 넘습니다. 네 명 중에 한 명꼴입니다!' 그가 말을 멈췄다. 그의 얼굴이 빛났다. '가혹하지만 명백한 사실입니다. 하지만 이 상태가 오래가지는 않을 겁니다. 그에 대해 뭔가 대책이 있을 테니까요. 그 대책이란 암 치료법과 원인 규명에 대한 연구가 계속되고 있다는 것입니다.' 그가 준엄한 눈빛으로 우리를 돌아가며 바라보았다. '이 발전에 일익을 담당하고 싶지 않으십니까?' 그가 물었다. 마음속으로 '그럼요!'라고 말하는 것 말고 우리가 어떤 대답을 할 수 있었겠는가? '그럼요!' 나는 그렇게 생각했고 다른 사람들도 그랬음을 나중에 알았다. 1분도 안 되어 모리스 골드블래트는 우리의 마음을 사로잡았다. 우리 한 사람 한 사람을 그의 주제로 끌어들였던 것이다. 그는 자신이 펼치고 있던 인도주의 운동에 우리를 동참시켰다."

우호적인 반응을 이끌어내는 일은 언제 어디에서나 모든 연사의 목표이다. 골드블래트는 그런 기회가 생겼을 때 그런 반응을 끌어낼 수 있는 극적인 이유를 충분히 갖고 있었다. 그와 그의 동생 네이선은 무일푼으로 시작해서 1년에 1억 달러 이상의 매출을 올리는 백화점 체인스토어를 설립했다.

하지만 오랜 고생 끝에 엄청난 성공이 찾아왔을 때 그의 동생 네이선은 얼마 앓지도 못하고 암으로 세상을 떠났다. 그 후로 골드블래트는 시카고 대학 암 연구 프로그램에 처음으로 백만 달러를 기부했다. 그리고 은퇴하여 암 퇴치 사업에 대한 일반인들의 관심을 촉구하는 사업에 온 시간을 바쳤다.

이런 사실과 더불어 골드블래트의 인격이 우리의 마음을 사로잡았다. 진지함과 성실함과 열의-위대한 대의를 위해 몇 년간 자신을 고스란히 마친 것과 똑같이 몇 분 동안 몸을 던져 우리에게 보여준 맹렬한 각오-이런 것들이 우리에게 연사에게 공감하고 그에게 우정을 표하게 했으며, 기꺼이 행동하고 싶은 마음을 갖게 했다.

첫째, 설득하기 전에 믿음을 줘라

퀸틸리아누스(세계 최초의 교육 저서인 《웅변교수론》 12권을 저술-역자주)는 웅변가를 일컬어 '연설하는 재주가 뛰어난 선한 사람'이라고 표현했다. 연사의 성실성과 인격에 관해 언급한 것이다. 이 책에서도 말했지만 앞으로 나올 그 어떤 책에서도 효과적인 연설을 위해 이 필수적인 조건을 대신할 수 있는 것은 없다고 말할 것이다. 피어폰트 모건(미국의 금융가, 미술 수집가-역자주)은 인격이야말로 신뢰를 얻는 가장 좋은 방법이라고 했다. 인격은 또한 청중의 신뢰를 얻는 최상의 방법이기도 하다.

"진심을 담아 말하면 그 목소리에는 거짓말쟁이가 흉내 낼 수 없는 진실의 색깔이 묻어난다."

알렉산더 울코트(미국의 비평가, 〈뉴요커〉지 기자-역자주)가 말했다.

특히 말하기의 목적이 상대를 설득하려는 것일 경우 자신의 신념을 정말로 확신하는 데서 나오는 열의를 표현할 필요가 있다. 남에게 확신을 주기 전에 내가 먼저 확신을 가져야 한다.

둘째, 긍정적인 반응을 얻어내라

노스웨스턴대학 전 총장인 월터 딘 스콧은 "우리는 머릿속에 들어온 관념, 개념 또는 결론을 그와 반대되는 생각이 방해를 하지 않는 한 진실로 받아들인다."라고 말했다. 결국은 우리도 청중이 긍정적인 생각을 갖게 해야 한다. 내 친구 해리 오버스트리트 교수는 뉴욕의 사회 연구를 위한 뉴스쿨에서 강연을 할 때 그런 개념의 심리적 배경을 다음과 같이 훌륭하게 설명했다.

'유능한 연사는 처음부터 청중들한테서 긍정적인 반응을 얻는다. 그러면 그 점을 이용해 청중의 심리를 긍정적인 방향으로 흘러가게 한다. 이는 마치 당구공의 움직임과 같다. 당구공을 어느 방향으로 칠 때 그 공이 어딘가에 맞고 방향을 틀려면 일정한 힘이 가해져야 한다. 나아가 거꾸로 되돌아오게 하려면 더 많은 힘이 가해져야 한다.

이때 심리적 패턴은 꽤 뚜렷하다. 어떤 사람이 '아니오'라고 말했는데 그것이 진심에서 나온 말이라면 그는 단순히 말 한마디만 한 게 아니라 더 많은 일을 했다. 그의 신체 기관–내분비선, 신경, 근육–이 모두 거부 태세를 취하고 있다는 뜻이다. 대개는 미미하지만 때로 눈에 띌 정도로 신체가 위축되거나 위축되려고 한다. 다시 말해 전반적인 신경체계가 받아들이지 않겠다는 경계 태세를 취한다. 반대로 "예."라고 대답할 때는 위축 현상이 전혀 일어나지 않는다. 신체 기관은 앞으로 일어날 일에 대해 수용하고 열린 자세를 취한다. 따라서 "예."라는 대답을 많이 얻어낼수록 우리가 궁극적으로 제안하는 내용에 대한 관심을 성공적으로 끌어낼 가능성이 커진다.

긍정적인 반응을 끌어내라. 얼마나 간단한 테크닉인가. 그런데도 얼마나 간과되고 있는지! 청중에게 반감을 불러일으킴으로써 스스로 중요한 존재라고 느끼는 연사들이 종종 있다. 급진주의자가 보수주의적인 동지들과 회의를 시작한다고 치자. 그는 처음부터 상대방을 격분하게 한다. 솔직히 그래서 얻어지는 게 무엇일까? 단지 재미로 그랬다면 용서를 받을 수도 있다. 하지만 뭔가를 성취하려고 그랬다면 심리학적으로 어리석은 행동을 한 것이다.

학생이나 고객, 자녀 또는 남편이나 아내에게 거부 반응을 하게 해놓고 부정적인 감정을 긍정으로 바꾸려면 천사의 지혜와 인내가 필요하다.

처음부터 이토록 바람직한 '긍정 반응'을 얻으려면 어떻게 해야 할까? 답은 지극히 간단하다. 링컨은 이렇게 귀띔했다.

"내가 논쟁에서 이기는 방법은 우선 공통으로 동의할 수 있는 공감대를 찾는 것이다."

링컨은 심지어 노예 해방이라는 매우 격화되기 쉬운 주제로 논쟁을 벌일 때도 그런 공감대를 찾았다.

'처음 30분 동안 적수는 링컨이 하는 말 한 마디 한 마디에 동조했다. 그러면 그때부터 링컨은 차츰차츰 상대를 리드하기 시작해서 마침내 모두 자기편으로 끌어들였다.'

당시 중립적인 입장을 취했던 일간지 〈미러mirror〉는 링컨의 연설에 관해 이렇게 논했다. 청중과 논쟁을 하는 연사는 그들을 완고하게 만들고 방어태세를 취하게 하여 오히려 마음을 돌리지 못하게 하는 게 아닐까?

"내가 그렇다는 것을 증명해 보이겠다."라고 선언하며 이야기를 시작하는 게 과연 현명할까? 청중은 그것을 도전으로 받아들이고 내심 "그래, 어떻게 하는지 보겠어."라고 중얼거리지 않을까?

당신과 청중의 공감대를 강조하는 것부터 시작해서 누구라도 대답하고 싶어 하는 적절한 의문거리를 던져주는 것이 훨씬 유리하지 않을까? 그러고 나서 청중과 함께 진지하게 해답을 찾는 것이다. 그렇게 찾는 동안 당신이 확실하게 아는 사실을 제시하면 청중은 당신의 결론을 자신의 결론으로도 받아들이게 되는 것이다. 사람은 스스로 알아낸 사실을 더욱 신뢰하는 법이다.

아무리 최고의 논쟁이라도 한낱 설명거리에 불과할 수 있다.

아무리 광범위하고 견해차가 있는 논쟁이라도 반드시 공통으로 동의할 수 있는 부분이 있게 마련이다. 연사는 모두를 그곳에 초대할 수 있다. 예를 들어보자. 1960년 2월 3일 영국의 총리 해럴드 맥밀런은 남아프리카 공화국의 양원에서 연설을 했다. 인종차별 정책이 지배적이었던 남아프리카 공화국의 입법 기관 앞에서 그는 영국 정부의 비인종적 시각을 설명해야 했던 것이다. 그는 연설을 시작하면서 외견상으로 이런 차이점을 언급했을까? 전혀 아니다. 그는 남아프리카가 이룩한 위대한 경제 발전, 세계에 기여한 중요한 공헌을 강조하는 것으로 연설을 시작했다. 그다음 자연스럽고 노련하게 양국의 서로 다른 시각에 관해 말했다. 물론 이때에도 의견 차이가 굳은 신념에서 나온 것임을 잘 알고 있다고 상대방에게 암시했다. 그의 연설은 섬터 요새 이전 시절에 링컨이 했던 부드럽고도 단호한 웅변을 떠오르게 하는 훌륭한 연설이었다. 영국 총리는 말했다.

"영연방 회원국의 자격으로 우리는 진심으로 남아프리카 공화국에 지지와 격려를 보냅니다. 다만 여러분이 저의 솔직한 말에 기분 상하지 않기를 바랍니다. 여러분의 정책 중에는 현재 우리가 우리 영토 안에서 실현하고자 하는 '자유로운 인간'이라는 정책 방향에 대한 깊은 신념을 포기하지 않고는 지지하기 어려운 부분이 있습니다. 저는 누가 잘하고 잘못하고를 떠나, 오늘날 양국 사이에 외견상 차이가 있음을 직시해야 한다고 생각합니다."

연사와 아무리 의견이 다른 사람도 이런 말을 듣는다면 연사가 공정하다는 확신을 갖게 될 것이다.

맥밀런 총리가 서로의 공감대를 끌어내는 대신 처음부터 정책상의 다름을 강조했다면 어떻게 되었을까? 제임스 하비 로빈슨은 명저 《형성되는 정신The Mind in the Making》에서 이런 질문에 대한 심리학적 해답을 내놓았다.

'우리는 가끔 저항심이나 강렬한 감정 없이 내 생각을 바꾼다. 하지만 누군가 우리에게 잘못했다고 지적하면 곧장 그런 비난에 분개하고 심장이 딱딱해진다. 믿음이 형성될 때 우리는 놀라울 정도로 조심하지 않지만 누군가 우리에게 그 믿음을 버리라고 강요하면 비합리적일 정도로 집착하는 자신을 발견한다. 믿음 자체를 중시하는 게 아니라 자존심을 위협받는다고 느끼기 때문이다. 인간의 삶에서 '내 것'이라는 단어는 무엇보다 중요하며, 적절히 중시하면 지혜로워진다. 내 밥, 내 개, 내 집, 내 신념, 내 나라, 내가 믿는 신처럼 '내 것'은 무엇이든 중요하게 여긴다. 따라서 시계가 틀렸다든지 차가 낡았다든지 하는 비난을 들으면 화를 낸다. 그 뿐만이 아니다. '화성의 운하(어떤 사람이 망원경으로 화성을 관찰했는데 줄무늬를 동물이 판 운하일지 모른다고 주장-역자주)'에 관한 주장이라든가 '에픽테토스'에 대한 발음, 살리신의 의학적 가치, 사르곤 1세(아시리아의 왕)의 재위 기간에 대해 우리가 갖고 있는 생각을 정정해야 할 때도 화를 낸다. 우리는 지금까지 사실이라고 믿었던 것을 계속 믿고 싶어 하며 우리의 믿음에 의구심을 표하거나 우리에게 그런 집착을 설명하는 온갖 구실을 찾게 만들면 분노한다. 결과적으로 소위 '논증'이라고 부르는 행위는 대체로 우리의 믿음을 지속시키기 위한 논거를 찾는 일에 불과할 뿐이다.

셋째, 열정이 전염되게 말하라

연사가 풍부한 감정과 전염성 있는 열정으로 자기 생각을 피력할 때 청중이 반대 생각을 할 가능성은 훨씬 줄어든다. '전염성 있는'이라는 표현을 했는데, 열정은 정말로 그런 면이 있다. 열정은 부정적이고 거부하는 생각을 옆으로 밀어낸다. 연설의 목적이 상대를 설득시키는 데 있을 때 상대방의 생각을 자극하는 것보다 감성을 움직이는 편이 훨씬 생산적이라는 사실을 기억해라. 감성은 냉철한 이성보다 훨씬 강력한 힘을 가지고 있다. 상대방의 감성을 불러일으키려면 진지하고 열렬해야 한다. 아무리 간결한 문구를 만들어내고 다양한 실례를 들어도 연사의 음성이 연설에 어울리지 않고 기품 있는 제스처에 진심이 담겨 있지 않으면 겉만 화려한 공허한 장식품에 지나지 않는다. 청중을 감동시키려면 먼저 자신이 감동하지 않으면 안 된다. 당신의 열정이 눈을 통해 반짝이고, 목소리를 통해 울려 퍼지고, 태도를 통해 나타날 때 청중에게도 그대로 전달될 것이다.

당신이 말을 할 때, 특히 공언한 목표를 상대에게 설득할 때 어떻게 하느냐에 따라 청중의 태도가 결정된다. 당신이 온화하면 청중도 온화할 것이다. 당신이 건방지고 적개심을 품고 있으면 청중도 그럴 것이다. 헨리 워드 비처(미국의 단편작가, 물리학자)는 이렇게 말했다.

"청중이 졸고 있을 때 방법은 한 가지다. 청중에게 뾰족한 막대를 주어 그것으로 설교자를 찌르게 하는 것이다."

나는 언젠가 컬럼비아 대학의 커티스 메달 수상자를 심사하는 세 명의 심사위원 중 한 명이었다. 연사로 나선 학생은 모두 다섯 명이었는데, 모두 훈련을 잘 받았고 능력을 발휘해보겠다는 의욕으로 가득 차 있었다. 하지만 한 명만 빼고 나머지는 오직 메달 획득이 목표였다. 그들은 청중을 설득하려는 마음이 거의, 아니 전혀 없어 보였다.

그들은 웅변을 할 때 주제를 정해야 하기 때문에 주제를 정했을 뿐 자신들이 하려는 연설 내용에 개인적으로는 깊은 관심이 없었다. 그리고 듣게 된 그들의 연설은 그저 전달의 기술대로 연습만 한 것이었다. 그러나 단 한 사람 줄루 왕자는 예외였다. '현대 문명에 기여한 아프리카'를 주제로 정한 그는 자신이 하는 말 한 마디 한 마디에 진심을 담았다. 그의 연설은 그저 기교만 연습한 게 아니었다. 확신과 열정이 배어 있는 살아 있는 연설이었다. 그는 자기 국민, 자기 대륙을 대표해서 연설을 했다. 지혜와 고매한 인품과 선의를 담아 자기 국민의 희망을 이야기했고 우리에게 이해시키려고 노력했다.

비록 두세 명의 경쟁자보다 능숙하지는 못했지만, 우리는 그를 수상자로 결정했다. 심사위원들은 그의 연설에 활활 타오르는 진정성이 담겨 있음을 알았다. 진심이기에 더욱 활활 타올랐다. 그에 비하면 다른 연설은 겨우 가물거리는 난로의 깜부기불이었다.

왕자는 먼 이국땅에서 자신만의 방법을 터득했다. 이론만 가지고는 남에게 말을 할 때 자신의 인격을 투영할 수 없다는 사실을 알았던 것이다. 즉, 자신이 하려는 말을 얼마나 확고하게 믿는지 청중에게 보여주어야 한다.

넷째, 청중에게 존경과 애정을 보여라

"인간은 사랑과 존경을 받고 싶은 본성이 있다."

노먼 빈센트 필 박사는 어느 코미디언에 대한 이야기를 하면서 서두를 이렇게 꺼냈다.

'인간은 누구나 마음속으로 자신이 가치 있고 존중받아야 하는 중요한 존재라는 생각을 갖고 있다. 그것에 상처를 주는 사람은 영영 그 사람을 잃게 된다. 따라서 누군가를 사랑하고 존경한다면 그를 높여주어라. 그러면 그도 당신을 사랑하고 존경할 것이다.

언젠가 어떤 연예인과 함께 모 프로그램에 출연했다. 나는 그를 잘 몰랐지만 그때 만난 후로는 그가 어려움을 겪고 있으며 왜 그런지 이유도 알 것 같았다. 나는 그에게 말을 걸려고 조용히 옆으로 다가가 앉았다. 그때 그가 내게 물었다. "떨리시죠?" "왜 안 떨리겠어요. 청중 앞에 설 때는 언제나 떨리죠. 나는 청중을 깊이 존경하는데, 그런 책임감 때문에 다소 긴장이 돼요. 당신은 떨리지 않습니까?" 내가 말했다. "전혀요. 왜 떨려야 하죠? 청중은 아무것에나 잘 속아 넘어가요. 한마디로 멍청하죠." "내 생각은 달라요. 청중은 절대권력을 가진 당신의 심판자예요. 난 청중을 최고로 존경해요."'

필 박사는 그 코미디언의 인기가 떨어지고 있다는 사실을 알게 되었고 그 이유도 짐작이 갔다. 그의 태도 때문에 인기를 얻기는커녕 반감만 샀던 것이다.

남에게 뭔가를 전달하고 싶은 사람들에게는 아주 쓸모 있는 교훈이 아닌가!

다섯째, 우호적인 태도로 시작하라

한 무신론자가 신이 없다는 자신의 주장을 부인해보라고 윌리엄 팔리(영국의 신학자, 철학자, 공리주의자-역자주)에게 도전하듯 말했다. 팔리는 조용히 시계를 꺼내 뚜껑을 열고 말했다.

"만약 내가 이 레버와 휠, 스프링이 잘 맞물려서 자기들끼리 알아서 움직인다고 말하면 내 지능을 의심하겠지요? 당연히 그럴 겁니다. 그렇다면 고개를 들어 별을 보십시오. 모든 별은 저마다 완벽하게 정해진 궤도를 따라 움직입니다. 지구와 행성은 태양 주위를 돌고 태양계 전체는 하루에 백만 마일 이상의 속도로 날아다닙니다. 각각의 별은 우리의 태양계처럼 자신의 무리를 이끌고 우주를 돕니다. 하지만 충돌도, 혼란도 없고, 소란스러움도 없습니다. 모두 조용하고 효율적으로 통제가 됩니다. 이런 일이 그저 일어나거나 누군가 그렇게 만들었다고 하면 좀 더 쉽게 믿어지십니까?"

그가 처음부터 자신의 반대자를 쏘아붙였다고 치자.

"신이 없다니? 이런 바보 같은 소리를 하다니. 당신은 지금 자기가 무슨 말을 하고 있는지도 모르는 거요?"

그럼 어떻게 되었을까? 틀림없이 말싸움이 벌어졌을 것이다. 불 타버리는 것처럼 무익한 말싸움이 계속되었을 것이다. 무신론자는 자신의 의견을 내세우려고 불경스러운 열성으로 고양이처럼 사납게 달려들었다. 왜 그랬을까? 오버스트리트 교수가 지적했듯이 포기할 수 없는 그의 소중한 의견이 위협을 받았기 때문이다. 자부심이 위험에 처한 것이다.

자부심은 본래 인간 본성 중에 가장 폭발력이 강하므로 누군가의 자부심이 우리에게 역작용을 일으키게 하느니 우리를 위해 작용하게 하는 편이 현명하지 않을까? 그렇다면 어떻게 할까? 팔리가 그랬듯이 우리의 믿음이 반대자의 믿음과 별로 다르지 않다는 사실을 말해주는 것이다. 그렇게 하면 상대는 당신의 제안을 거부하기보다 받아들이는 쪽을 택한다. 그러면 우리가 말하는 내용을 반박하거나 묵살하려는 충동이 생기는 것을 막아준다.

팔리는 인간의 마음이 작동하는 방식을 섬세하게 들여다볼 줄 아는 능력을 보여주었다. 하지만 대부분 사람들은 인간의 믿음이라는 성채 안으로 들어가기 위해 그 성주와 손을 잡는 섬세함이 결여되어 있다. 게다가 성채를 손에 넣기 위해선 급습을 하고 정면 공격을 해서 함락시켜야 한다고 오해하고 있다. 그러면 어떻게 될까? 적대감이 생겨나면서 동시에 도개교가 올라가고 대문에서 쿵쿵 소리가 나고 빗장이 내려가고, 갑옷 입은 궁수들이 긴 활을 쏘아 댄다. 즉, 말싸움이 일어나고 서로 상처를 입는다. 이런 싸움은 언제나 승부 없이 끝난다. 게다가 상대방을 전혀 설득하지 못한다.

내가 옹호하는 더 합리적인 방법은 별로 새로운 게 아니다. 오래전 성 바울이 사용했던 방법이다. 성 바울은 마르스 언덕에서 아테네 사람들에게 유명한 연설을 했는데 그때 이 방법을 사용했다. 19세기 우리의 감탄을 자아낼 정도로 영리하고 세련된 방법이다. 그는 배운 사람이었고 기독교로 개종 후 닦은 웅변 실력은 지도자감으로 손색이 없었다. 어느 날 그는 아테네에 도착했다. 아테네는 페리클레스 이후 전성기의 정점을 지나서 쇠락의 길을 걷고 있었다. 성경은 그 시기를 이렇게 묘사한다.

'그곳에 살고 있던 아테네 사람들이나 이방인들은 뭔가 새로운 것만 듣고 말할 뿐 아무것도 하지 않으면서 시간을 허비했다.'

라디오도 없고 케이블 방송도 없고 새로운 소식을 전해주는 뉴스도 없던 때였다. 아테네 사람들은 매일 오후가 되면 뭔가 새로운 일이 일어나지 않을까 기대하며 시간을 보냈음이 틀림없다. 그때 바울이 나타난 것이다. 뭔가 새로운 일이 일어난 것이다. 사람들은 호기심에 차서 즐거운 마음으로 그에게 몰려들었다. 그를 붙들어 아레오파고로 데려가며 주민들이 말했다.

"당신이 말한 새로운 가르침이 무엇인지 우리가 알 수 있겠소? 당신이 말한 '이상한 것'이 무엇을 말하는지 알고 싶소."

다시 말해 그들은 강연을 요구한 것이다. 바울은 흔쾌히 승낙했다. 사실, 그가 여기에 온 이유도 그 때문이었다. 그는 아마 벽돌이나 돌로 된 연단에 올라서서 아무리 훌륭한 연사라도 처음에는 그런 것처럼 긴장해서 손바닥을 비볐을 것이다. 그리고 강연을 시작하기 전에 헛기침을 했으리라. 하지만 바울은 사람들이 초대하면서 했던 말들을 전부 인정하지 않았다.

'새로운 가르침, 이상한 것.'

그것은 독이었다. 그런 생각부터 없애야 했다. 그런 생각은 적대감과 충돌을 일으키는 의견이 번식하는 쓸데없는 토양이었다. 그는 자기 신념을 새롭고 이질적인 것이라고 소개하고 싶지 않았다. 사람들이 이미 믿고 있는 어떤 것과 비슷하고 관련이 있기를 바랐다. 그렇게 하면 반대의견이 생기는 것을 막을 수 있었다. 그런데 어떻게 할까? 그는 생각에 잠겼다. 그리고 순간적으로 묘안이 떠올랐다. 그는 불후의 연설을 하기 시작했다.

"아테네 시민 여러분, 저는 여러분이 모든 면에서 매우 미신적이라고 알고 있습니다."

어떤 성경에는 '그들이 아주 신앙심이 깊다.'라고 번역되어 있다. 나는 그편이 더 정확하고 옳다고 생각한다. 아테네 시민들은 여러 신을 섬겼으며 매우 독실했다. 그리고 그런 사실을 자랑스러워했다. 성 바울은 그 점을 칭찬해서 사람들을 기쁘게 했다. 그러자 아네테인들은 바울에게 마음을 열기 시작했다. 효과적인 말하기 기법 중에 실례를 들어 주장을 뒷받침하는 방법이 있다. 그는 이렇게 말했다.

"저는 이곳을 지나다 여러분이 기도하는 모습을 보았습니다. 그리고 '미지의 신께'라고 새겨진 제단을 보았습니다."

알다시피 그 말은 그들이 매우 독실하다는 사실을 증명한다. 그들은 미지의 신을 위해서도 제단을 만들 정도로 어느 신 하나라도 소홀히 여기는 것을 두려워했다. 자기도 모르게 경시하거나 의도하지 않게 무시하지 않기 위한 일종의 보험이었다고나 할까. 아무튼 바울은 그 제단 이야기를 꺼냄으로써 자신이 의례적으로 칭찬하는 말이 아님을 보여주었다. 그가 직접 보고 내린 진정한 평가라는 것을 보여주었다.

자, 이제 본론이 나온다.

"여러분이 맹목적으로 숭배하는 그분, 제가 그분에 대해 알려드리겠습니다."

'새로운 가르침, 이상한 것?'

바울은 그런 말을 조금도 비치지 않았다. 그저 그들이 아무 생각 없이 숭배하는 신에 대해 몇 가지 진실을 설명했을 뿐이었다. 그들이 믿지 않는 것을 그들이 열렬히 받아들이는 것과 비교하는 방법, 그것이 뛰어난 테크닉이었다.

또한, 바울은 그리스 시인의 말을 인용해서 구원과 부활에 대한 자신의 신조를 설명했다. 그리고 그는 성공했다. 그의 연설을 들은 몇 명은 비웃었지만 나머지 사람들은 "이 문제에 대해 당신의 이야기를 좀 더 듣겠소."라고 말한 것이다.

사람들을 설득하고 감명을 주는 말하기를 할 때 중요한 문제는 이것이다. 듣는 사람의 마음속에 우리의 생각을 이식하고 반대하거나 적대하는 생각이 생겨나지 않게 막는 것이다. 이 점이 능숙한 사람은 연설 능력이 뛰어난 것이고, 남에게도 영향을 줄 수 있다. 나의 책, 《데일 카네기 인간관계론How to Win Friends and Influence People》에서 소개한 규칙이 이때에도 도움이 될 것이다.

우리는 살면서 거의 매일 나와 다른 견해를 가진 사람과 이야기를 한다. 가정에서나 직장, 온갖 사회적 관계 속에서 당신은 끊임없이 자기 생각을 주입하려고 애쓰지 않는가? 당신의 방법에 개선할 여지는 없는가? 있다면 어떻게 시작해야 할까? 당신은 링컨의 방법과 맥밀런의 방법을 사용하는가? 그렇다면 당신은 보기 드문 외교력과 특별한 분별력의 소유자다. 우드로 윌슨의 말을 기억하는 것도 도움이 된다.

만약 당신이 나를 찾아와서 "우리 함께 앉아 상의 좀 합시다. 우리가 서로 다른 점이 있다면 왜 그런지, 어떤 점이 다른지 이야기해봅시다."라고 말하면 우리는 금방 깨닫게 된다. 우리가 몇 가지는 다르지만 많은 것은 비슷하며, 결국은 서로 별다르지 않다는 사실을 말이다. 게다가 인내심을 갖고 허심탄회하게 마음을 열며 함께하고자 하는 의욕만 있다면 잘해나갈 수 있다는 것도 깨닫게 된다.

Chapter 10

즉석 연설하기

다양한 분야의 지도자들과 정부 고위 관료들이 제약회사의 신설 연구소 헌정식에서 만났다. 연구소의 직원들 여섯 명이 한 사람씩 돌아가면서 자리에서 일어나 화학자, 생물학자로서 자신들이 하고 있는 환상적인 연구에 관해 설명하기 시작했다. 그들은 전염병을 예방하는 신종 백신과 항바이러스 신약, 긴장을 완화시키는 새로운 신경안정제를 개발하는 중이었다. 일차 동물 실험을 끝내고 인체를 대상으로 한 임상실험까지 마친 연구 결과는 실로 대단했다.

"정말 대단합니다. 연구원들이 정말 마법사군요. 그런데 소장님도 한마디 하셔야죠?"

정부 고위 관료가 말했다.

"저는 청중이 아니라 제 발한테 말하겠습니다."

연구소장이 어두운 표정으로 말했다.

잠시 후 사회자가 놀랍게도 그를 앞으로 끌어냈다.

"우리도 소장님이 말씀하시는 걸 한 번도 듣지 못했습니다."

그가 말했다.

"소장님이 격식 차린 연설을 좋아하지 않는 것은 알지만 오늘만은 한 마디 해주십시오."

결과는 참 딱했다. 연구소장은 일어서서 겨우 두세 마디 내뱉고 나서 길게 말하지 못한 것을 죄스러워했다. 그게 그가 한 말의 요점이었다.

자신의 전문 분야에서는 잘나가는 그였다. 그런 그가 그렇게 어색해하고 당혹해 할 수가 없었다. 그럴 필요는 없었다. 그도 즉석 연설을 배울 수 있었을 텐데. 지금까지 우리 수강생 중에 단호하게 결심을 한 다음 즉석 연설을 배우지 못한 사람은 본 적이 없었다. 그러려면 처음부터 패배주의적인 태도를 과감하게 거부하려는 마음가짐이 필요하다. 그런 뒤에도 능숙해지려면 시간이 꽤 걸릴 테지만 아무리 어렵더라도 해내겠다는 확고한 의지가 필요하다.

"만약 할 말을 미리 준비하고 연습했더라면 잘할지도 모르죠."

당신은 이렇게 말할 것이다.

"하지만 생각도 안 했는데 한마디 해달라고 부탁받으면 무슨 말부터 해야 할지 모르겠어요."

생각을 모은 다음 순발력을 발휘해서 이야기하는 능력은 어떤 의미에서 오래 정성을 들여 준비한 후 이야기하는 것보다 더 중요하다. 비즈니스나 일상생활에서 편안하게 구두로 의사전달을 할 기회가 많은 요즘에는 생각을 신속히 정리하여 유창하게 말로 표현하는 능력이 한

층 요구되기 때문이다. 오늘날 기업과 정부에 영향을 끼치는 결정들은 대개 한 사람이 아닌, 여러 사람이 모인 회의 탁자에서 내려진다. 여전히 개인적인 발언권도 있지만 집단의 대표로 의견을 내는 경우에는 강력한 영향력을 발휘한다. 즉석 연설 능력이 효과를 발휘하고 결과를 만들어내는 경우도 이런 때다.

첫째, 즉석 연설을 연습하라

자기 통제력을 어느 정도 갖춘 정상적인 지능의 사람이라면 누구나 들어줄 만한, 간혹 멋진 즉석 연설을 할 수 있다. 즉석 연설은 간단히 말해 '사전 준비 없이 하는 말하기'를 뜻한다. 갑자기 몇 마디 해달라는 청을 받았을 때 자신의 생각을 유창하게 표현하는 능력을 계발시키는 방법에는 여러 가지가 있다. 그 중 한 가지는 몇몇 유명한 영화배우들이 사용하는 방법이다.

몇 년 전 더글러스 페어뱅크스는 〈아메리칸 매거진〉에 실린 기사에서 그와 찰리 채플린과 메리 픽퍼드가 2년 동안 거의 매일 저녁 즐겼던 재치 게임 이야기를 했다. 그 게임은 단순한 놀이 이상이었다. 일어선 채로 생각과 동시에 뭔가를 이야기해야 하는 화술 훈련 중에서도 가장 어려운 기술이었다. 페어뱅크스가 설명한 '게임' 방법은 다음과 같다.

"각자 종이쪽지에 주제를 적는다. 종이쪽지를 접어서 위로 던진다. 떨어진 쪽지를 줍는다. 그리고 즉석에서 일어나 쪽지에 적힌 주제에 관해 60초간 말한다. 우리는 같은 주제를 두 번 적지 않았다. 어느 날 저녁 나는 '전등갓'에 관해 이야기해야 했다. 쉽다고 생각하는 사람은 한번 해보라. 나는 겨우 해내곤 했다. 그런데 중요한 사실은 그 게임을 시작한 후 우리 세 명이 더욱 똑똑해졌다는 점이다. 우리는 사소하지만 다양한 주제에 대해 많은 것을 알게 되었다. 하지만 그보다 훨씬 마음에 드는 점은 쪽지를 보는 순간 어떤 주제에 관해 지식과 생각을 모으는 방법을 배웠다는 사실이다. 우리는 선 채로 생각하는 법을 배우고 있다."

우리 강좌에서도 수강생들에게 여러 번 즉석 연설을 시킨다. 오랜 경험을 통해 나는 이런 연습이 두 가지 효과가 있음을 알게 되었다.

1. 일어선 채로 생각할 수 있다는 사실을 수강생들에게 증명해 보일 수 있다.
2. 이런 경험이 쌓이면 준비된 연설을 할 때 훨씬 침착하고 자신 있게 말을 할 수 있다. 가령 준비한 연설을 하다가 최악의 상황이 발생해서 머릿속이 하얘지더라도 제 궤도로 올라올 때까지 즉석 연설 실력을 이용해 당황하지 않고 위기를 넘길 수 있다.

우리 수강생들은 이런 말을 한 번 이상 듣는다.

"여러분 오늘 저녁에는 다양한 주제가 주어지면 거기에 맞춰 이야기를 해야 합니다. 여러분이 자리에서 일어나기 전까지는 어떤 주제를 받게 될지 모릅니다. 자, 행운을 빕니다!"

어떤 일이 일어날까? 어떤 회계사는 광고에 관한 이야기를 하게 되었다. 어느 광고 세일즈맨은 유치원에 관해 이야기를 했다. 교사가 받은 주제가 금융에 관련된 것일 때도 있고, 은행원의 주제가 학교 수업이 될 때도 있다. 사무원이 생산 과정에 관해 이야기해야 하고, 생산 전문가가 교통수단에 관해 이야기하기도 한다.

그들은 고개를 떨구고 포기를 할까? 천만에! 그들은 권위자인 척 하지 않는다. 그들은 자신이 아는 한도 내에서 주제와 연결시킨다. 처음에는 노력해도 잘되지 않는다. 하지만 그들은 자리에서 일어난다. 그리고 입을 뗀다. 사람에 따라 쉬울 수도 있고 어려울 수도 있는 일이다. 하지만 그들은 포기하지 않는다. 그리고 모두 자신이 예상했던 것보다 훨씬 잘할 수 있음을 깨닫는다. 그들에게는 짜릿한 경험이다. 자신에게 있는지조차 몰랐던 능력을 발견하고 계발할 수 있기 때문이다.

우리 수강생들이 할 수 있다면 누구라도 자신감과 의지력만 있으면 할 수 있다. 게다가 자주 할수록 더 쉽게 할 수 있게 된다.

일어서서 말하는 훈련을 시킬 때 우리가 사용하는 또 하나의 방법은 '즉석 연설 연결시키기'라는 방법이다. 우리 강좌에서 가장 인기 있는 수업이다. 한 수강생이 자기가 꾸며낼 수 있는 가장 환상적인 이야기를 한다. 예를 들어 이렇다.

"어느 날 내가 헬리콥터를 모는데 떼로 몰려오는 비행접시가 보였습니다. 나는 즉시 하강을 준비했습니다. 그런데 가장 가까운 비행접시에 타고 있던 조그만 남자가 공격을 시작했습니다. 난……."

이때 벨이 울리면 그 연사의 순서가 종료되었음을 뜻한다. 그러면 그 줄의 다음 학생이 이야기를 이어나간다. 시간이 지나면 수강생이 모두 각자의 이야기를 만들어내고, 어쩌면 화성의 운하나 국회의사당 복도에서 이야기가 끝날 것이다.

준비 없이 연설하는 기술을 훈련할 때 이 방법은 대단히 훌륭하다. 이 훈련을 거듭할수록 더 능숙해져서 비즈니스나 사교모임에서 실제 말을 해야 하는 상황이 벌어졌을 때 당황하지 않게 될 것이다.

둘째, 즉석 연설을 하기 전에 마음의 준비를 하라

보통 준비 없이 연설을 할 때 청중은 당신이 말하려는 주제에 대해 어느 정도 권위자일 거라고 기대할 것이다. 따라서 짧은 시간에 당신이 자유자재로 말할 수 있는 주제가 무엇인지 정확히 판단해서 결정하는 일이 중요하다. 여기에 능숙해지는 가장 좋은 방법은 이런 상황에 처할 때 어떻게 할 것인지 마음의 준비를 해두는 일이다. 당신이 어떤 모임에 참가했다고 치자. 당신은 혹시 연설 요청을 받으면 무슨 이야기를 할까 계속해서 생각하라. 어떤 주제가 적합할까? 아무 준비도 되어 있지 않은 상황에서 제안을 받으면 어떤 말로 승낙 또는 거절을 할까?

내가 해줄 수 있는 첫 번째 조언은 이것이다. 어떤 상황에서든 즉석 연설을 할 수 있게 마음의 준비를 해두라는 것이다.

그러려면 당신 입장에서 무엇을 말할지 생각해야 한다. 아마 '생각하기'는 세상에서 가장 어려운 일일 것이다. 하지만 즉석 연설로 명성을 얻은 사람치고 자신이 참가할 모든 공적인 상황을 분석함으로써 스스로 몇 시간씩 준비하지 않는 사람은 없을 것이다. 비행기 조종사가 언제 어떻게 일어날지 모를 사고에 대비하여 위급한 상황에서도 냉철하고 치밀하게 행동하도록 스스로 훈련을 하는 것과 마찬가지다. 즉석 연설로 빛을 발하는 연사는 기회가 주어지지 않아도 끊임없이 연습을 함으로써 스스로 대비한다. 사실 이런 연설을 즉석 연설이라고 할 수 없을지도 모른다. 평소에 준비하는 연설이라고 할까.

주제는 이미 알고 있기 때문에 문제는 시간과 상황에 알맞게 구성하는 일이다. 즉석 연설인만큼 당연히 시간이 짧을 것이다. 어떤 화제가 상황에 맞을지 정해라. 준비가 미흡하다고 사과하지 마라. 당연히 예상되는 일이다. 즉시는 아니더라도 가능한 한 빨리 화젯거리를 말하라. 그리고 부탁하는 데 다음 조언을 따라라.

셋째, 연설을 하자마자 곧장 실례를 들어라

이유가 궁금한가? 다음 세 가지 이유 때문이다.

1. 다음에 무슨 말을 해야 하나 어렵게 고민해야 할 필요가 없어지기 때문이다. 경험한 일은 즉석에서 이야기를 해야 할 상황에서도 쉽게 기억이 떠오른다.
2. 금방 이야기를 시작할 수 있기 때문이다. 첫 순간의 초조감이 날아가면 그사이에 주어진 화제에 대처할 기회를 얻게 된다.
3. 즉시 청중의 관심을 붙들어둘 수 있다. 7장에서 말했듯이 청중의 관심을 즉시 가장 확실하게 잡아두는 방법은 실제 사건을 예로 드는 것이다.

당신이 사례로 든 사건을 듣고 청중이 인간적인 측면에 관심을 보이면, 그로써 처음 얼마 동안 즉, 자신감이 꼭 필요할 때 자신감을 얻을 수 있다. 청중과의 의사소통은 두 가지 방법으로 이루어진다. 연사는 청중의 관심을 받는 즉시 느낄 수 있다. 청중에게 받아들여지는 느낌을 감지하고 청중의 머리 위로 전류가 흐르는 듯 열렬한 기대감을 확인하면 연사는 계속해서 최선을 다하고, 그 기대에 보답하려고 노력한다. 이렇게 연사와 청중 사이에 생겨나는 친밀감은 성공적인 연설의 열쇠이다. 그게 없으면 진정한 의사소통은 불가능하다.

'몇 마디 해달라.'는 요청을 받았을 때 경험담을 예로 들어 이야기를 시작하라는 것도 그 때문이다.

넷째, 생생하고 활기차게 말하라

이 책에서 지금까지 여러 차례 말했듯 연사가 에너지 넘치고 열정적으로 말하면 그 외적인 활기가 정신 활동에도 긍정적인 영향을 미친다. 대화를 나눌 때 갑자기 제스처를 쓰는 사람을 본 적이 있는가? 그가 유창하고, 가끔 화려하게 이야기를 하면 사람들은 금방 관심을 보이고 몰입한다. 신체 운동과 정신의 관계는 밀접하다. 우리는 손으로 하는 동작과 정신 작용을 설명할 때 같은 단어를 사용한다. 예를 들어 '생각을 파악하다(영어의 grasp는 '파악하다', '손으로 쥐다' 두 가지 의미로 쓰임-역자주)'라든지 '마음을 사로잡는다(영어의 clutch는 '움켜쥐다', '마음을 빼앗다'라는 두 가지 의미로 쓰임-역자주)'와 같은 단어들이다. 우리 몸이 에너지로 충전되어 생기가 돌면 윌리엄 제임스가 말한 것처럼 정신도 민첩하게 작동한다. 그러니 내가 충고하고 싶은 말은 포기하지 말고 말하기에 자신을 모두 던지라는 것이다. 그러면 틀림없이 즉석 연설가로서 성공할 수 있을 것이다.

다섯째, 즉석에서 화젯거리를 찾아라

누군가 당신의 어깨를 툭 치면서 "한마디 해주세요." 하고 말할 때가 올 것이다. 아니면 아무런 예고도 없이 그런 때가 올 수도 있다. 어느 날 갑자기 행사의 사회자한테 그런 말을 들으면 긴장하지 말고 사회자의 권유를 즐겨라. 사람들의 눈길이 모두 당신을 향하고 당신은 의식하기도 전에 다음 연사로 소개될지도 모른다.

이런 상황에서 당신의 머릿속은, 스티븐 리(캐나다의 소설가, 경제학자–역자주)의 작품에 등장하는 그 유명한 머저리 기수가 말을 타고 '사방으로 급히 달아나는 것'처럼 걷잡을 수 없이 뒤죽박죽이 되는 경향이 있다. 자, 설령 그렇다고 해도 차분함을 잃지 말도록 노력해라. 사회자에게 말을 건다든지 해서 호흡을 가다듬어라. 그때 당신의 이야기를 들어줄 사람들이라든지 모임과 관련된 이야기를 꺼내는 것이 좋다. 청중은 자신과 자신이 하는 일에 관심이 많다. 그러니 즉석 연설을 할 때 화젯거리는 다음 세 가지 원천에서 찾아내라.

첫째, 청중 그 자체다. 명심해라. 제발 쉽게 말하라. 그 자리에 있는 청중과 청중이 하는 일, 특히 그들이 공동체를 위해 하는 특정한 일 또는 인간애에 대해 말하라. 구체적인 사례를 이용하라.

둘째는 모임의 성격이다. 이 모임을 하게 된 계기에 대해 말하라. 기념식인가? 선서식인가? 연차 모임인가? 아니면 정치적 혹은 애국적인 행사인가?

마지막으로 만약 앞서 나온 연사의 이야기를 인상 깊게 들었다면 그 이야기의 어떤 점이 흥미로웠는지 언급하고, 그 이야기를 확장해라. 가장 성공적인 즉흥 연설은 말 그대로 즉흥적인 것이다. 연사가 청중과 그 행사에 대해 진심으로 느끼는 바를 솔직하게 표현하면 그것으로 최고의 연설이 된다. 그야말로 손에 낀 글러브처럼 상황에 잘 맞는 연설이다. 오직 이 행사를 위해 만들어진 연설인 것이다. 그리고 그 안에 성공이 있다. 아주 귀한 장미처럼 순간적으로 꽃을 피웠다 시야에서 사라져버린다. 하지만 청중이 누린 기쁨은 오래 남아 생각보다 빨리 즉석 연설가로서 대접받게 될 것이다.

여섯째, 즉석 연설이라도 즉석에서 하지 마라

위에서 말한 내용과 앞뒤가 안 맞는다고 생각할지도 모르겠다. 그저 횡설수설하고 별 관련 없는 내용을 논리에 맞지 않게 엉성하게 나열하는 것은 충분하지 않다. 전달하려는 요점을 중심으로 당신의 생각을 논리적으로 정리해야 한다. 사례로 들 사건도 중심 생각과 연결이 되어야 한다. 그리고 다시 한 번 강조하는데, 열의를 갖고 하는 이야기는 준비 없이 즉흥적으로 한 말이라고 해도 생명력이 있고, 준비된 연설이 갖지 못한 호소력이 있다는 점을 깨닫게 된다.

이 장에서 조언한 내용을 마음에 새기면 유능한 즉석 연설가가 될 수 있다. 이 장 앞부분에서 설명한 테크닉을 염두에 두고 연습을 할 수도 있다.

모임에 참가하는 중이라도 간단한 사전 계획을 세울 수 있고 언제, 어느 때 호명받을지 모른다는 가능성을 항상 염두에 두고 마음의 준비를 할 수 있다. 만약 한마디 하거나 제안을 해달라는 요청을 받을지 모른다고 생각되면 다른 연사의 말을 주의 깊게 듣는다. 당신의 생각을 몇 마디 말로 추릴 수 있게 준비하라. 그리고 때가 되면 머릿속의 생각을 최대한 간결하게 말해라. 당신의 견해는 이미 정리가 되었다. 그것을 간단하게 말하고 자리에 앉아라.

건축가이자 산업 디자이너 노먼 벨 게데스는 처음에 일어서지 않으면 자신의 생각을 말로 표현하지 못했다. 그래서 건물이나 전시장의 복잡한 설계를 동료들에게 설명할 때 사무실을 왔다 갔다 걸어 다니지 않으면 안 됐다. 그는 마침내 앉아서 이야기하는 법을 배웠고 당연히 성공했다.

하지만 대부분 사람들은 그와 정반대다. 우리는 일어서서 말하는 법을 배워야 한다. 그리고 당연히 배울 수 있다. 그렇게 되는 중요한 비결은 어쨌든 시작하라는 것이다. 우선 짧은 연설을 한번 해봐라. 그런 다음 다른 연설도 해보고 또 다른 연설도 해본다.

하면 할수록 다음 이야기는 쉬워질 것이다. 이번 이야기는 앞의 이야기보다 훨씬 발전했을 것이다. 결국, 여러 사람 앞에서 하는 즉석 연설은 자기 집 거실에게 친구한테 즉흥적으로 말하는 것의 연장이라는 사실을 깨닫게 될 것이다.

4부

의사 전달의 기술

Dale Carnegie

말하는 방법

당신은 믿는가? 우리가 세상과 접촉하는 방법은 네 가지, 겨우 네 가지 방법뿐이다. 우리는 이 네 가지 접촉에 의해 평가되고 등급이 매겨진다. 네 가지란 '무엇을 하는가?', '어떻게 보이는가?', '무엇을 말하는가?', '어떻게 말하는가?'이다. 이 장에서는 그 중 마지막, '어떻게 말하는가'에 관해 알아보려고 한다.

내가 처음 대중 연설 강좌를 개설하고 수강생을 가르치기 시작했을 때에는 목소리의 공명을 좋게 하고 음역을 넓히고 억양을 유연하게 만들기 위해 음성 훈련에 많은 시간을 할애했다. 그러나 오래 지나지 않아 소리가 상부 비강으로 들어가 '유음'을 내는 원리를 설명하느라 떠들어봤자 소용없음을 깨달았다. 발성을 좋게 하고자 3~4년을 투자할 수 있는 사람이라면 이 방법도 괜찮다. 하지만 우리 수강생들은 타고난 음성에 만족할 수밖에 없을 거라는 점을 깨달았다. 그보다는 우선 수강생들이 '횡격막으로 호흡하게' 도와주고, 그보다 더 중요한, 억압이라든가 주저하는 태도에서 스스로 벗어나게 더 많은 시간과 에너지를 쏟으면 신속하고 지속해서 놀라운 결과를 얻을 수 있다는 점을 알게 되었다. 나는 그 사실을 깨닫게 되어 진심으로 하느님께 감사한다.

첫째, 자의식의 껍질을 깨뜨려라

우리 강좌 중에는 대단히 억압되고 짓눌린 이들을 자유롭게 해주는 것이 목표인 수업이 여러 개 있다. 나는 말 그대로 무릎을 꿇고 앉아 수강생들에게 껍데기를 깨고 나오라고 호소한다. 그러면 세상이 얼마나 그들을 따뜻하게 맞아주고 환영해주는지 알게 될 거라고 말한다. 물론 그렇게 하려면 뭔가 해야 한다는 것을 나도 인정한다. 하지만 시도할 만한 가치가 있었다. 포슈 사령관(프랑스 군인으로 연합군 총사령관-역자 주)이 전술에 대해 말한 것처럼 생각하면 단순하지만 불행하게도 실행에 옮기려면 복잡하다. 물론 가장 큰 걸림돌은 몸뿐만 아니라 머리까지 뻣뻣하게 굳어지는 증상이다. 나이를 먹으면서 스스로 어떤 범주에 넣어버리는 일종의 심리적 경화 현상이다.

청중 앞에서 자연스러워지는 게 쉬운 일은 아니다. 배우들도 그 점은 잘 알고 있다. 당신이 어렸을 때, 그러니까 네 살쯤 되었을 때는 아마 쉽게 연단에 올라가서 자연스럽게 말을 할 수 있었을 것이다. 하지만 스물넷, 마흔넷이 되어 연단에 올라가 연설을 하려면 어떻게 될까? 네 살 때 갖고 있던 무의식적인 자연스러움이 있을까? 어쩌면 갖고 있을지도 모른다. 하지만 십중팔구는 긴장하고 어색하며 거북처럼 자신의 껍질 속으로 들어가 버린다.

어른에게 화술을 가르치거나 훈련시키는 문제는 추가로 어떤 성격을 길러주는 것이 아니다. 그보다는 방해되는 요소를 제거하고, 누군가 나를 넘어뜨리면 즉각 반응하듯 그렇게 반사적으로 말이 나오게 하는 것이다.

나는 수도 없이 연사들의 말을 끊고 '사람처럼 말을 하라.'고 간청했다. 수강생들이 자연스럽게 말을 하도록 가르치느라 육체적으로 고단하고 정신적으로 지쳐서 집에 돌아온 저녁이 수없이 많다. 그렇다. 이것은 말처럼 쉬운 일이 아니다.

우리 강좌 중에 어떤 수업에서는 수강생들에게 대화의 일부분을 연기로 표현하고, 또 일부분은 사투리로 말해보게 한다. 나는 그들에게 극적인 장면을 연기할 때 흥에 겨워서 마음껏 표현해보라고 한다. 그러면 비록 연기가 어색해도 기분은 나쁘지 않다는 사실을 깨달으며 놀라워한다. 보는 수강생들 역시 동료 수강생들의 연기를 보며 즐거워한다. 이런 수업의 의미는 일단 여러 사람 앞에서 긴장을 풀면 그 다음부터는 개인이나 집단 앞에서나 상관없이 움츠러들지 않고 자기 의견을 일상적인 말로 표현할 가능성이 커진다는 데 있다. 그때 느끼는 갑작스러운 해방감은 새장에서 풀려난 새가 날개를 퍼덕이는 기분일 것이다. 당신은 사람들이 영화관과 극장으로 몰려드는 이유를 알 것이다. 그곳에서 거의 또는 전혀 거리낌 없이 행동하는 사람들, 자기 감정을 숨김없이 드러내는 사람들을 볼 수 있기 때문이다.

둘째, 다른 사람을 흉내 내지 마라

말을 할 때 사람들의 이목을 끌고 즐겁게 해주는 사람, 두려움 없이 자신을 표현하는 사람, 독특하고 개성과 상상력이 넘치는 방법으로 청중에게 해야 할 말을 할 줄 아는 사람을 보면 감탄이 나온다.

제1차 세계대전이 끝난 직후 나는 런던에서 로스 경과 키스 스미스 경 형제를 만났다. 그들은 그때 막 런던에서 오스트레일리아까지 첫 비행에 성공함으로써 오스트레일리아 정부로부터 5만 달러를 상금으로 받았다. 게다가 대영제국에서 큰 화제를 불러일으켰고 국왕에게서 기사 작위까지 받았다.

그들의 비행에 유명한 풍경 사진가 헐리 대위가 동행하여 영화를 찍었다. 그리고 나는 형제가 자신들의 비행 장면을 찍은 영상을 보여 주며 강연회를 할 때 필요한 말하기를 지도하러 그곳에 간 것이다. 그들은 4개월 동안 런던 필하모닉 홀에서 매일 2회씩, 한 사람은 오후, 한 사람은 저녁에 강연을 했다.

그들은 똑같은 경험을 했다. 나란히 앉아서 지구 반 바퀴를 돌았다. 그리고 거의 똑같은 내용을 이야기했다. 하지만 어찌 된 일인지 나에게는 똑같은 이야기로 들리지 않았다.

말을 할 때는 한낱 단어 말고도 고려해야 할 것이 더 있다. 그 단어를 전달하는 맛이다. 이것은 무엇을 말하느냐보다 어떻게 말하느냐의 문제다.

러시아의 위대한 화가 칼 부를로프는 언젠가 제자의 그림을 손질해 준 적이 있었다. 제자는 바뀐 그림을 보고 놀라서 소리쳤다.

"스승님이 조금만 손을 대셨는데도 완전히 다른 그림이 되었어요."

부를로프가 말했다.

"예술은 아주 작은 것에서 시작된다네."

그림뿐만 아니라 파데레프스키의 피아노 연주도 그렇고 말하기도 마찬가지다. 누군가 단어를 조금만 만져주면 똑같은 일이 일어난다. 영국 의회에 이런 오래된 격언이 전해 내려온다.

'말의 내용이 아니라, 말하는 태도에 모든 것이 달려 있다.'

오래전 영국이 로마의 변방 식민지였던 시절에 퀸틸리아누스가 한 말이다.

"포드 자동차는 모두 똑같습니다."

포드 제작자는 이렇게 말하지만, 위에서 말한 두 남자는 그렇지 않았다. 태양 아래 태어난 생명은 모두 다르다. 그전에도 그랬고 앞으로도 똑같은 것은 없을 것이다. 젊은이라면 자신에 대해 그렇게 생각해야 한다. 자신을 남과 다르게 만드는 개성을 찾아야 하고 자신의 가치를 계발해야 한다. 사회와 학교는 그를 단련시키려고 한다. 그들은 우리를 같은 틀에 넣으려는 경향이 있다. 하지만 결코 개성을 잃어서는 안 된다. 개성이야말로 당신이 중요하다는 사실을 주장할 수 있는 유일한 근거이다.

이 모든 것 때문에라도 효과적인 말하기가 두 배로 중요하다. 이 세상에 당신과 같은 사람은 없다. 누구나 눈 두 개에 코 하나, 입은 하나지만 당신과 똑같이 생긴 사람은 없다. 당신의 기질과 방식, 마음 상태가 똑같은 사람은 없다. 당신이 자연스럽게 말을 할 때 그 모습처럼 말하고 표현하는 사람은 별로 없다. 다시 말해, 당신에게는 당신만의 특성이 있다. 연사로서 그것은 귀중한 자산이다. 그것을 잃지 마라. 소중하게 여겨라. 더 나아지게 계발해라. 그것이 불꽃을 일으켜 당신의 말하기에 힘과 진실성이 번뜩이게 해줄 것이다.

"그것이야말로 당신의 중요성을 주장할 수 있는 유일한 근거다."

부디 자신을 틀 속에 억지로 가둠으로써 개성을 잃지 말기 바란다.

셋째, 청중과 대화를 나눠라

수많은 사람의 연설에서 볼 수 있는 전형적인 말하기 행태를 사례를 들어 설명해보려고 한다. 한번은 스위스 알프스의 여름 휴양지인 뮈렌에 잠깐 들러야 할 일이 생겼다. 나는 런던의 한 회사가 운영하는 호텔에 묵었다. 그런데 그 회사는 매주 영국에서 강사 두 명을 파견해 투숙객들을 상대로 강연을 하게 했다. 그중에 한 명이 유명한 영국 소설가였다. 그녀의 주제는 '소설의 미래'였다. 그녀는 먼저 자신이 택한 주제가 아니라고 털어놓았다. 솔직히 말해 그녀는 자기 강연을 가치 있게 만들기 위해 신경 써서 강연 내용을 구성하지 않았다. 대강 메모한 종이쪽지를 들고 청중 앞에 서서 듣는 사람을 무시하고, 심지어 눈길도 주지 않고 가끔 청중의 머리 위쪽이나 멍하니 응시하다 가끔 메모 쪽지를 흘끗거리고 가끔 바닥을 내려다봤다. 시선은 멍하니 먼 곳을 향하고 목소리는 멀리 흩어져 버리고 그녀가 풀어놓은 말은 원시적인 충동의 허공으로 날아가 버렸다.

그것은 전혀 이야기를 전달하는 게 아니었다. 그저 혼잣말이었다. 커뮤니케이션을 한다는 느낌이 없었다. 커뮤니케이션을 한다는 느낌이야말로 좋은 강연의 필수요소이다. 청중은 연사의 메시지가 그의 머리와 마음으로부터 곧장 자신들의 머리와 마음으로 전달된다고 느껴야 한다. 그런데 위에서 언급한 강연은 고비 사막의 메마른 황무지에서 말하는 것과 같다. 정말이지 그 강연은 살아 있는 사람들을 상대로 한 것이라기보다 그런 데서 하는 것처럼 들렸다.

의사 전달 방법에 대해 쓴 책들을 보면 참으로 어처구니없고 말도 안 되는 헛소리를 많이도 늘어놓았음을 알 수 있다. 게다가 온갖 규칙과 비결들로 둘러싸여서 신비한 수수께끼처럼 느껴진다. 구태의연한 낡은 '웅변술'은 오히려 말하기를 우스꽝스럽게 만들 수 있다. 직장인들은 일찍이 도서관이나 책방에서 발견한 '웅변술'에 관한 책들이 전혀 쓸모없다는 사실을 깨달았다. 그리하여 오늘날 미국의 대다수 주에서는 전혀 다른 방향으로 교육시키고 있는데도 학생들만은 여전히 강제적으로 '웅변가의 명연설'을 낭송하고 있다. 그것은 깃털 펜처럼 구닥다리고, 다람쥐 머리를 본뜬 타이어에 바람 넣는 기구처럼 쓸모없는 것이다.

20세기에 들어 웅변술에 관한 완전히 새로운 학파가 출현했다. 시대정신과 보조를 맞출 뿐만 아니라 자동차처럼 현대적이고 실용적이며, 전보처럼 직접적이고, 텔레비전 광고처럼 효율적인 이론이 등장했다. 지난날 유행했던 격정적인 연설투를 오늘날의 청중은 더 이상 들으려 하지 않는다.

현대의 청중들은 비즈니스 회의에 참석한 15명 정도의 인원이든 천막 밑에 모인 천 명의 군중이든 연사가 함께 앉아서 수다를 떠는 것처럼 직접적으로 말해주기를 원한다. 어떤 한 명을 상대로 대화할 때와 똑같이 소탈하고 자연스러운 태도로 그러나 열의 넘치고 활기찬 모습으로 말이다. 연설을 할 때 자연스럽게 보이려면 한 사람보다 40명을 상대로 할 때 더 많은 에너지를 쏟지 않으면 안 된다. 마치 건물 꼭대기에 세워진 동상이 지상에 있는 관객들에게도 실물과 똑같이 보이려면 그 크기가 엄청나게 커야 하는 것처럼 말이다.

마크 트웨인이 네바다의 광산 막사에서 강연을 끝낼 때쯤 한 노인이 다가와서 말했다.

"평상시 말투로 말씀해주시겠소?"

이것이 바로 청중이 원하는 바이다.

'평상시 말투'의 연장이 '연장된 자연스러움'을 익히는 유일한 방법은 연습이다. 만약 연습을 할 때, 자신이 과장되게 말한다고 생각되면 중단하고 자신에게 단호히 말해라.

"잠깐! 왜 그러는 거야? 정신 차려. 자연스럽게 하라고!"

그러고는 머릿속으로 청중 중에 뒷자리에 앉았거나 가장 집중하지 않는 한 명을 택해 그를 상대로 말을 하라. 다른 사람이 그 자리에 있다는 사실은 잊어라. 그 사람하고만 대화를 나눠라. 그가 질문을 하면 당신이 대답을 하는 식이다. 그리고 그 질문에 대답할 사람은 나뿐이라고 상상해라. 만약 그가 일어서서 당신에게 말을 하면 당신은 대답을 해야 한다. 이런 과정은 즉각 또한 필연적으로 당신의 연설투를 대화처럼 자연스럽고 직접적으로 만들어준다. 그러니 지금 바로 그런 일이 일어나고 있다고 상상하라.

실제 연설에서 질문하고 대답하는 상황을 만들 수도 있다. 예를 들어 이야기를 하는 도중에 "제가 이렇게 단언하는 증거가 무엇이냐고 묻고 싶으시죠? 저에게는 합당한 증거가 있습니다. 그것은 바로……."라고 말할 수 있다. 그러고 나서 질문에 대답하는 과정이 이어진다. 이런 상황은 아주 자연스럽게 조성할 수 있다. 게다가 말하는 사람의 일방 독주를 무너뜨려 더욱 직접적이고 유쾌하게 대화하는 분위기로 만들 수 있다.

상공회의소에서도 당신의 친구 존 헨리 스미스한테 말하듯 그렇게 말하라. 상공회의소의 회의란 무엇인가, 결국 존 헨리 스미스 같은 사람들의 모임이 아닌가? 친구한테 개별적으로 이야기했을 때 성공했다면 단체를 상대로 해도 성공하지 않겠는가?

이 장의 첫머리에서 특정한 소설가의 강연에 대해 말했다. 그녀가 강연을 했던 바로 그 강당에서 며칠 후 저녁에 올리버 로지 경의 즐거운 강연회가 열렸다. 강연 주제는 '원자와 세계'였다. 그는 이 주제를 위해 연구하고 고민하고 실험하고 조사하며 반세기라는 세월을 보낸 전문가였다. 그에게는 이 주제가 마음과 정신과 삶의 일부였고 남에게 꼭 들려주고 싶은 이야깃거리였다. 그는 자신이 '강연'을 하고 있다는 사실도 잊었다. 강연을 어떻게 할 것인가 걱정도 별로 하지 않았다. 그는 오직 청중에게 쉽고 정확하고 기억에 남도록 원자를 설명하는 일에만 신경을 썼다. 자신이 본 것을 우리에게도 보여주고 자신이 느꼈던바를 우리도 느끼게 하려고 열심히 노력했다.

결과는 어땠을까? 그의 강연은 감동적이었다. 매력적이고 강렬했으며 깊은 감명을 주었다. 그는 비상한 능력을 지닌 연사였다. 하지만 나는 그가 스스로 그렇게 생각하지 않았음을 잘 안다. 그뿐만 아니라 그를 '대중연설가'로 여기는 사람도 없었을 거라고 확신한다.

당신이 사람들 앞에서 말을 했을 때 그 말을 들은 사람들이 당신을 대중 연설을 훈련받았을 거로 추측한다면, 화술을 지도한 강사, 특히 우리 강좌의 강사에게는 절대 자랑거리가 못 된다. 강사는 당신이 정말로 자연스럽게 말을 해서 듣는 사람이 당신이 '정식으로' 훈련받았을 거라고는 꿈에도 생각하지 못할 정도가 되기를 바란다. 깨끗한 창문은 원래 눈길을 끌지 못하는 법이다. 다만 빛을 통과시킬 뿐이다. 훌륭한 연사도 그와 같다. 청중이 의식하지 못할 정도로 편안하고 자연스럽다. 청중은 그가 말하는 내용 말고는 의식하지 못한다.

넷째, 진심을 담아서 말하라

진실함과 열성 그리고 성실함도 연설에 도움을 줄 것이다. 사람이 감정의 영향을 받으면 진정한 자아가 표면으로 떠오른다. 그리고 마음의 빗장이 내려온다. 감정의 불꽃이 모든 장벽을 태워 없앤다. 그러면 자발적으로 행동하게 된다. 말도 자연스럽게 나온다. 그는 모든 것이 자연스럽다.

말하기의 문제도 결국은 앞에서 몇 번이나 강조한 내용으로 되돌아간다. 진심을 담아 말하라는 것이다.

예일대 신학 대학 학생들이 모인 자리에서 브라운 학장이 설교에 관한 강연을 했다.

"런던의 한 교회 예배에 참석했던 내 친구가 들려준 이야기는 절대 잊을 수 없을 겁니다. 목사님은 조지 맥도널드라는 분이었죠. 그날 아침의 설교 내용은 히브리서 11장에서 배우는 성서에 따른 교훈이었습니다. 설교할 시간이 되자 목사님은 이렇게 말씀하셨습니다. '여러분, 신앙심이 깊은 사람들에 관한 이야기는 많이 들었을 겁니다. 그래서 난 여러분에게 신앙심이 무엇인가에 대해선 말하지 않을 작정입니다. 그건 나보다 신학과 교수들이 더 잘 알 테니까요. 내가 여러분 앞에 선 까닭은 여러분이 신앙심을 갖게 도와주기 위해서입니다.' 그러고 나서 그는 눈에 보이지 않은 영원불멸한 진리에 대한 자신의 믿음을 간단하면서도 감명 깊고 인상적으로 이야기해줌으로써 학생들의 머리와 가슴에 신앙심이 싹트게 했습니다. 그의 설교에는 진심이 담겨 있었습니다. 그의 내면에서 우러나온 진짜 아름다움이 있었기에 그의 설교는 효과적이었습니다."

'말에 진심이 담겨 있다.'

이것이 비결이다. 하지만 모두가 이런 식의 조언을 좋아하지 않는다는 사실을 잘 알고 있다. 그 말은 모호하다. 그리고 추상적이다. 보통 사람들은 검증된 규칙, 확실하고, 손에 잡히고, 자동차를 운전하는 조작법처럼 분명한 규칙을 원한다.

사람들은 그런 것을 원하고 그것은 나도 마찬가지다. 그게 상대방이나 나나 쉬울 것이다. 물론 그런 규칙은 있고, 그런 규칙을 따를 경우 잘못될 경우는 하나뿐이다. 규칙이 제대로 작동되지 않을 경우다. 하지만 규칙대로 이야기하면 유창함과 자연스러움, 생기와 감동은 사라지고 만다. 나도 이해한다. 나도 젊었을 때는 그러느라 많은 에너지를 소모했다. 하지만 그 규칙은 이 책에서 언급하지 않을 작정이다. 조시 빌링스(미국의 유머작가-역자주)가 흥이 올랐을 때 했던 말처럼 '많이 알아봤자 필요가 없기' 때문이다.

논리와 추리, 작법에 있어서 뛰어난 에드먼드 버크의 연설문은 오늘날 미국의 대학에서도 웅변술의 고전으로 연구되고 있다. 하지만 그런 그도 연사로서는 악명을 떨칠 만큼 실패했다. 그는 자신의 주옥같은 연설문을 재미있고 효과적으로 전달하는 능력이 부족했다. 그 결과 의회에서는 그의 연설을 가리켜 '저녁 식사 종소리'라고 부를 정도였다. 그가 연설을 하려고 자리에서 일어나면 사람들은 헛기침을 하고 발장난을 치든가 졸지 않으면 밖으로 우르르 나가버리기 일쑤였다.

힘을 다해서 강철 폭탄을 던져도 상대의 옷조차 뚫지 못할 수도 있다. 하지만 수지 양초 뒤에 화약을 뿌려 던지면 송판도 뚫고도 상대도 맞출 수 있다. 안타깝게도 가루 날리는 수지 양초 같은 연설이 감흥도 없고 뒤에 아무것도 없는 강철 같은 연설보다 훨씬 인상에 남는 법이다.

다섯째, 호소력 있고 융통성 있는 목소리를 만들어라

실제 청중에게 생각을 전달할 때 우리는 음성과 몸짓의 다양한 요소를 이용한다. 어깨를 으쓱거리나 팔을 움직이고 눈썹을 찡그리고 목소리를 높이고 억양과 강세를 바꾸고 상황이나 내용에 따라 밀을 빠르게 또는 느리게 변화를 준다. 그러나 이런 것들은 결과이지 목적이 되어서는 안 된다는 점을 명심하기 바란다. 소위 변수나 어조의 변화는 정신적, 감정적 상태의 영향을 직접적으로 받는다. 청중 앞에 섰을 때 우리가 잘 알고 열광하는 내용을 화제로 삼아야 하는 이유도 거기에 있다. 또 청중과 그 주제를 나누려는 마음이 간절해야 한다.

사람들은 대개 나이가 들수록 젊은 시절의 돌발성과 천진스러움을 잃고 신체적, 음성적 커뮤니케이션의 틀 속에 맞추려는 경향이 있다. 제스처를 쓰거나 흥분하는 일이 점점 줄어든다. 목소리를 높이거나 낮추는 일도 드물어진다. 즉, 대화의 신선함이라든지 자발성을 잃어버린다. 너무 느리거나 너무 빠르게 말하는 습관에 젖게 되고, 조심하지 않으면 말투도 지루하고 경솔해진다. 이 책에서 몇 번이나 자연스럽게 말하라는 조언을 들었기 때문에 자연스럽기만 하면 거친 말투나 지루한 전달력도 용서가 될 거로 생각할지 모르겠다. 그렇지 않다. 내 말은 우리의 생각을 그것도 진심을 담아 표현하는 데 있어서 자연스러워야 한다는 의미이다. 한편, 훌륭한 연사는 폭넓은 어휘를 구사하고 말투와 이미지를 풍부하게 활용하며 다양하고 개성적인 표현법을 계발하는 등 더욱 발전하려고 노력한다. 이렇듯 스스로 개선하려고 노력을 기울이다 보면 누구라도 개선될 수 있다.

자신의 음성 크기라든지 억양의 변화, 말의 속도를 평가해보는 것은 훌륭한 생각이다. 녹음하는 것을 통해서 연습할 수 있다. 친구에게 부탁해서 평가해달라고 하는 것도 유용한 방법이다. 전문가로부터 조언을 받을 수 있다면 더할 나위 없이 좋다. 하지만 한 가지 명심해야 할 점은 청중이 없는 상태에서 훈련을 해야 한다는 점이다. 청중 앞에 섰을 때 이런 기술적인 면에 신경을 쓰면 자칫 치명적인 결과를 초래할 수 있다. 일단 청중 앞에 섰으면 청중에게 정신적, 감성적으로 영향을 주는 일에만 모든 것을 쏟아 부어라. 그러면 십중팔구 이 책에서 배우는 것보다 훨씬 호소력 넘치고 인상적인 연설을 하게 될 것이다.

5부

효과적인 말하기에 도전하기

Dale Carnegie

소개하기와 수상 소감 발표하기

대중 앞에서 연설을 해달라는 요청을 받았을 때 당신은 다른 연사를 소개하거나 아니면 정보를 전달하거나 청중을 즐겁게 하거나 아니면 청중을 이해시키거나 설득하기 위해 긴 연설을 할 수도 있다. 어쩌면 공공기관의 의장이나 여성 클럽의 회원이 되어 다음 모임에서 연사를 소개하는 일을 맡을 수도 있다. 또 지역 사친회나 영업사원들 모임, 노조 회의 또는 정치 조직에서 연설을 할 수도 있다. 긴 연설을 준비하는 요령에 관해서는 다음 장에서 설명할 것이다. 그리고 이 장에서는 소개말을 준비하는 데 도움이 되는 조언을 하려고 한다. 또한 상을 발표하거나 상을 수락하는 연설을 할 때 유용한 값진 힌트도 주려고 한다.

생동감 넘치는 강연으로 미국 전역에서 청중을 사로잡은 작가 겸 강연자인 존 메이슨 브라운은 어느 날 저녁 자신을 청중에게 소개하는 역할을 맡은 남자와 이야기를 나누었다.

"무슨 말을 해야 하나 너무 걱정하지 마세요."

그 남자가 브라운 씨에게 말했다.

"긴장을 풀어요. 난 준비된 연설 따위는 하지 않아요. 그래요, 준비해봤자 소용없거든요. 오히려 매력이 떨어지고 유쾌함도 없죠. 나는 일어서서 말을 할 때 영감이 떠오를 때까지 기다리죠. 그럼 절대 실패하는 법이 없어요."

상대가 어찌나 자신만만한지 브라운은 내심 훌륭한 소개말을 기대했다고 저서 《지금의 나에게 익숙해진Accustomed As I Am》에서 고백했다. 하지만 그 남자는 자리에서 일어나더니 이런 식으로 소개말을 했다.

"여러분, 제게 주목해주십시오. 오늘 밤 여러분께 별로 좋은 소식을 가져오지 못했습니다. 아이작 마코슨 씨를 초대하려고 했는데 그만 오지 못하셨습니다. 몸이 편찮으시답니다(박수). 그래서 블레드리지 의원께 부탁해봤습니다만 바쁘다고 거절하셨습니다(박수). 마지막으로 캔자스 시티의 로이드 그로건 박사를 모시려고 애썼지만 잘 안 됐습니다(박수). 그래서 대신 존 제이슨 브라운 씨를 모시게 됐습니다(침묵)."

그때의 악몽을 떠올리며 브라운은 이렇게 말했다.

"그 영감주의자 양반, 그래도 내 이름은 제대로 소개했군."

물론 영감이 자신을 끝까지 인도해줄 거라고 확신했던 그 남자는 설령 영감이 인도해주었더라도 그보다 잘할 수는 없었을 것이다. 그는 소개를 받는 연사나 그 말을 듣는 청중에게 지켜야 할 의무를 제대로 지키지 않았다. 이런 의무 사항은 많지는 않지만 중요하다. 그런데도 많은 사회자들이 깨닫지 못한다.

소개 연설은 사교상의 소개말과 목적이 같다. 연사와 청중 양쪽에 우호적인 분위기를 조성해주고 그들 사이에 관심의 유대를 맺어주는 일이다.

"연설까지는 필요 없어요. 당신은 그저 연사를 소개만 해주면 돼요." 라고 말하는 사람은 소개말을 모독하는 것이나 다름없다. 실제로 소개 연설보다 더 실패하기 쉬운 연설도 없다. 그 말을 준비하고 전달하는 의무를 맡은 사회자들이 별로 중요하게 여기지 않기 때문이다.

'소개말' introduction은 라틴어인 '안으로'라는 의미의 'intro'와 '이끌다'라는 뜻의 'ducere'가 합쳐져서 만들어진 말이다. 소개말을 통해 논의되는 이야기를 듣고 싶게 청중을 충분히 화제 안으로 이끌어야 한다. 또 연사의 내면적 사실, 연사가 특정한 주제를 논하는 데 적합하다는 것을 보여주는 사실 속으로 청중을 이끌어야 한다. 다시 말해 소개말은 청중에게 화제를 '팔고' 연사를 '팔아야 하는' 일이다. 또, 그런 일들을 가능한 짧은 시간에 해내야 한다.

그것이 소개말의 역할이다. 하지만 그런 역할을 잘하고 있을까? 십중팔구는 그렇지 않다. 정말로 그렇지 못하다. 대부분 소개말은 효과도 없고 부실하며 형편없다. 원래 해야 할 의무를 다하지 않는다. 만약 소개말의 중요성을 깨닫고 제대로 하는 연사가 있다면 다른 모임의 의장이나 행사의 사회자로 불려가는 일이 부쩍 늘 것이다.

다음은 충실한 소개말을 하는 데 도움이 되는 몇 가지 필수적인 제안이다.

첫째, 소개할 내용을 철저하게 준비하라

소개말이 비록 1분을 겨우 넘을 정도로 짧다고 해도 세심하게 준비해야 한다. 우선, 사실을 수집해야 한다. 세 가지 항목을 중심으로 수집하라. 소개할 연사가 하려는 연설의 주제, 그 주제를 이야기할 만한 연사의 자격, 그리고 연사의 이름이다. 간혹 네 번째 항목이 추가되기도 한다. 청중이 연사의 주제에 특별히 관심을 기울여야만 하는 이유에 대해서다.

연설의 정확한 제목과 연사가 주제를 어떻게 진개해 나갈 것인지에 대해서도 확실히 알아야 한다. 사회자가 소개한 내용 중에 잘못된 내용이 있어서 나중에 연사가 부인하는 일이 생기는 것보다 더 난처한 일도 없다. 이런 일은 연사가 무슨 주제로 말할 것인지 넘겨짚지 말고 직접 확인하면 예방할 수 있다. 소개자로서 당신은 연설의 제목을 직접 소개하고 그 연설이 청중의 기호에 맞을 거라고 강조할 의무가 있다. 그래서 이런 의무를 충실히 이행하려면 연사로부터 직접 정보를 얻어야 한다. 만약 예비 의장이나 제3자에게 의존할 수밖에 없다면 수집한 내용을 종이에 적어 연설 직전 연사에게 확인하는 것이 좋다.

그러나 준비의 대부분은 연사의 자격에 관련된 사실을 수집하는 일일 것이다. 연사가 전국 혹은 지방의 유명인사일 경우에는 인명록 같은 곳에서 정보를 얻을 수 있다. 또 어떤 지역의 명사라면 공적인 관계나 그가 일하는 분야의 인사담당 부서에 문의하거나 친구, 가족에게 연락해서 당신이 알고 있는 사실을 확인할 수 있다. 이때 중요한 점은 수집한 약력이 정확해야 한다는 점이다. 연사와 가까운 사람들은 당신에게 자료를 줄 수 있어서 기뻐할 것이다.

물론 너무 많은 사실을 나열하면 청중이 지루해한다. 특히 연사가 취득한 학위보다 더 낮은 학위까지 소개하는 것은 불필요한 일이다. 가령 연사를 철학박사라고 소개하면서 그의 이학사와 문학 석사학위까지 언급하는 것은 지나치다. 마찬가지로 연사가 대학 졸업 후 역임했던 직위를 나열하는 것보다 최근에 얻은 최고의 직위를 소개하는 편이 낫다. 무엇보다 별로 중요하지 않은 이력을 나열하다가 눈에 띄는 가장 큰 업적을 빠뜨리는 실수를 저지르지 않도록 조심해야 한다.

예컨대 나는 어떤 유명 연사가 아일랜드의 시인 예이츠를 소개하는 것을 들은 적이 있다. 예이츠는 그의 시를 낭독하게 되어 있었다. 당시 그는 이미 3년 전에 문필가에게 주어지는 최고의 상이라고 할 수 있는 노벨문학상을 수상한 터였다. 그런데 내가 장담하건대, 청중 중에 노벨상이나 그 상의 의미에 대해 아는 사람은 10퍼센트밖에 안 됐다. 어쨌든 그 두 가지 사실만은 소개말에 확실히 언급됐어야 했다. 다른 것은 몰라도 그 사실은 말해야 했다. 그런데 사회자가 어떻게 했는지 아는가? 그런 사실은 깡그리 무시하고 신화와 그리스 시에 관해서 이러쿵저러쿵 떠들어댔다.

사회자는 연사의 이름을 정확히 알고, 일단 알았으면 발음이 입에 붙게 연습을 해야 한다. 존 메이슨 브라운(미국의 극작 비평가, 작가-역자주)은 자신이 존 브라운 메이슨, 심지어 존 스미스 메이슨으로 소개된 적이 있다고 털어놓았다. 캐나다의 유명한 유머작가 스티븐 리콕은《우리는 오늘 밤 우리와 함께 한다We Have With Us Tonight》라는 에세이에서 사회자에게 엉뚱한 이름으로 소개받은 일화를 털어놓았다.

"많은 분이 흥분과 기대에 차서 리어로이드 씨가 오시기만을 기다렸습니다. 그분의 책을 읽어서인지 오랜 친구처럼 느껴지는군요. 사실 제 말이 과장이 아닌 게 우리 지역에서는 리어로이드 씨라는 이름이 오래전부터 일상용어처럼 쓰였습니다. 자, 여러분께, 리어로이드 씨를 소개하게 되어 매우 기쁘게 생각합니다."

자료를 조사하는 중요한 목적은 정확성을 위해서다. 정확해야만 소개 본연의 목적-청중의 관심을 고조시키고 연사의 이야기를 받아들일 준비를 시키는 것-을 달성할 수 있기 때문이다. 제대로 준비하지 않고 모임에 오는 사회자는 대체로 모호하고, 졸음 오는 말만 늘어놓는 경향이 있다.

"우리의 연사는 전문적인 식견, 그러니까 그의 주제에 대한 전문적인 식견으로 널리 인정을 받고 있습니다. 우리는 그의 강연 주제에 관심이 많습니다. 왜냐하면 그가 그러니까, 아주 먼 곳에서 와주셨기 때문입니다. 제가 여러분에게 소개해드릴 분은, 가만 보자, 바로 이분입니다. 여기 이 분……!"

시간을 조금만 들여 준비를 하면 연사와 청중 모두에게 불쾌한 인상을 줄 수 있는 소개말을 피할 수 있다.

둘째, T-I-S 공식을 따르라

소개말을 위해 조사하고 수집한 사실들을 정리하고 구성할 때는 T-I-S 공식을 지침처럼 따르면 틀림이 없다.

1. T는 화제topic를 말한다. 소개말을 시작할 때 연사가 말하려는 내용의 제목을 정확하게 말하라.
2. I는 중요성importance을 뜻한다. 이 단계에서는 화제와 청중의 특별

한 이해관계를 연결시켜라.

3. S는 연사speaker를 말한다. 연사의 뛰어난 경력, 특히 연설 주제와 관련지어 경력을 소개하라. 마지막으로 연사의 이름을 정확하고 명료하게 알려라.

이 공식에는 사회자의 상상력을 발휘할 수 있는 여지가 많다. 소개말이 반드시 간결하고 딱딱할 필요는 없다. 이 공식을 따르되 사무적인 분위기는 느낄 수 없는 소개말을 소개한다. 〈뉴욕 시티The New York City〉의 편집자 호머 손Homer Thorne이 뉴욕 전화회사 임원 조지 웰바움을 신문기자단에게 소개할 때 썼던 소개말이다.

"오늘 강연의 주제는 '전화는 당신에게 봉사한다.'입니다. 제가 가장 풀지 못하는 수수께끼는 사랑이나 경마광들의 집념도 그렇지만, 전화를 걸 때 일어나는 일입니다. 왜 맞게 걸었는데 틀린 전화번호로 연결될까요? 왜 우리 집에서 언덕 너머 다른 동네로 전화를 걸 때보다 뉴욕에서 시카고로 전화를 걸 때 더 빨리 연결되는 걸까요? 우리의 연사는 해답을 알고 있습니다. 아니 그는 전화에 관련된 모든 것을 알고 있습니다. 그는 20년 동안 전화에 관한 온갖 업무를 소화해왔고 전화 사업을 정확히 알리는 일에 앞장서왔습니다. 전화회사 중역이라는 직함은 업무 성과로 얻어진 것입니다. 그분이 지금부터 그의 회사가 우리에게 어떤 봉사를 하고 있는지 말씀해주실 겁니다. 만약 오늘날의 전화 서비스에 고마움을 느끼고 있다면 그를 수호신처럼 여기십시오. 혹시 최근에 전화 때문에 짜증 난 일이 있다면 그에게 해명할 기회를 드립시다. 신사 숙녀 여러분, 뉴욕 전화회사 부사장 조지 웰바움 씨를 모십니다."

소개말을 하는 연사가 청중에게 전화라는 것을 얼마나 명쾌하게 이해시켰는지 주목하라. 그는 질문을 던져 청중의 호기심을 자극했고 나아가 연사가 그런 질문을 비롯해 어떠한 질문에도 대답해줄 거라고 암시했다.

아마 이 소개말은 원고를 써두거나 암기하지 않았을 것이다. 설령 메모지에 적어두었더라도 대화하는 것처럼 자연스럽게 들린다. 소개말은 절대 외워서 하지 말아야 한다. 언젠가 코넬레아 오티스 스키너(미국의 작가, 배우-역자주)를 소개하던 사회자는 암기했던 말을 이야기하다가 그만 다음 말을 잊어버리고 말했다. 사회자는 심호흡을 한 다음 이렇게 말했다.

"원래는 비어드 제독을 초청할 계획이었는데, 사례비가 지나치게 비싸서 코넬리아 오티스 스키너 양을 모시게 되었습니다."

소개말은 그 상황에서 자연스럽게 나온 것처럼 매끄러워야 하며 너무 딱딱하거나 심각하지 말아야 한다.

위에서 인용한 웰바움에 대한 소개말을 보면 "제게 큰 기쁨입니다." 라든지 "소개하게 되어 영광으로 생각합니다." 따위의 상투적인 표현이 없다. 연사를 소개하는 가장 좋은 방법은 그의 이름을 말하거나 "소개합니다."라고 말하고 나서 이름을 부르는 것이다.

어떤 사회자는 너무 오래 말해서 청중을 지루하게 만든다. 어떤 의장은 연사를 기억시키고 중요한 사람이라는 인상을 주려고 불필요한 웅변조로 연사를 띄우기에 바쁘다. 또 어떤 소개자는 한물 간 '케케묵은 농담'을 내뱉거나 연사의 직업을 깔보거나 비난하는 듯한 말투로 질질 끌기도 한다. 소개말의 목적을 달성하려는 사람이라면 이런 실수는 반드시 피해야 한다.

여기 T-I-S 공식을 충실하게 따르면서도 개성을 살린 소개말을 하나 더 예로 들어 보겠다. 에드거 슈나딕이 저명한 과학 교수이자 편집자인 제럴드 웬트를 소개할 때 그 3단계의 공식을 어떻게 소화했는지 눈여겨보라.

"연사의 주제인 '오늘날의 과학'은 참으로 중요한 문제입니다. 자기 몸속에 고양이가 있다는 환각으로 고통 받던 정신병 환자의 이야기가 떠오르는군요. 환자의 말이 틀렸음을 입증하지 못한 정신과 의사는 거짓 수술을 해야 했습니다. 의사는 마취에서 깨어난 환자에게 검은 고양이를 보여주면서 그의 병은 완치되었다고 말했답니다. 그러자 환자는 이렇게 대답했습니다. '그런데, 선생님. 저를 괴롭히는 고양이는 회색입니다.' 오늘날의 과학도 이와 비슷합니다. U-235라고 불리는 고양이를 잡으려다 넵투늄이라든지 플루토늄, 우라늄233 등과 같은 고양이 떼를 발견했습니다. 그 원소들은 시카고의 겨울처럼 위력이 대단합니다. 최초의 핵 과학자라고 할 수 있는 왕년의 연금술사는 임종을 앞두고 신께 우주의 비밀을 알아내고 싶으니 하루만 더 살게 해달라고 간청했습니다. 그런데 오늘날 과학자는 우주가 꿈도 꾸지 못한 우주의 비밀을 만들어냅니다. 오늘 모실 연사는 현대의 과학에 대해 잘 알고 계신 분입니다. 시카고 대학 화학과 교수부터, 펜실베이니아 주립대학 총장, 오하이오 주 콜럼버스 바텔 기업 연구소의 소장직을 역임하셨습니다. 또한, 과학자로 정부 기관에 계셨고, 편집자이자 저술가이기도 합니다. 그는 아이오와 주 다벤포트에서 태어나 하버드에서 박사 학위를 받았습니다. 군수 공장에서 연수를 마쳤고, 유럽 전역을 여행했습니다. 우리의 연사는 다양한 과학 분야의 교과서를 저술하고 편집했습니다. 저서 중에 가장 유명한 《내일의 세상을 위한 과학Science for the World of Tomorrow》은 뉴욕세계박람회에서 과학관 총지휘를 맡고 계실 때 출간된 것입니다. 또한, 그는 〈타임〉, 〈라이프〉, 〈포춘〉, 〈마치 오브 타임〉의 자문위원으로 그의 과학뉴스 논평은 폭넓은 독자층을 확보하고 있습니다. 저서 《원자의 시대Atomic Age》는 1945년 히로시마에 원자 폭탄이 투하되고 열흘 후에 출간되었습니다. 그가 좋아하는 글귀는 '진정 훌륭한 것은 아직 오지 않았다.'이고, 사실이 그렇습니다. 저는 그분을 소개하게 되어 영광으로 생각합니다. 자, 여러분도 〈사이언스 일러스트레이티드〉지의 편집장인 제럴드 웬트 박사의 강연을 즐겁게 들으시리라 믿습니다."

얼마 전까지만 해도 소개를 할 때 연사를 과장되게 치켜세우는 것이 흔한 일이었다. 이것은 사회자가 연사에게 덤으로 꽃다발까지 안겨주는 격이었다. 그러면 미숙한 연사는 지나친 찬사에 압도당하기도 했다.

미주리 주 캔자스 출신으로 유명한 유머 작가인 톰 콜린스는 《건배 제의자를 위한 핸드북》의 저자 허버트 프로크노에게 이렇게 말했다.

"익살스러운 이야기를 하려는 연사를 소개하면서 청중에게 웃음을 참지 못해 복도를 데굴데굴 구르게 될 거라고 장담하는 것만큼 치명적인 것도 없다. 당신이 무슨 얘기를 해도 관심 밖일 테니까."

그렇다고 연사를 지나치게 깎아내려도 안 된다. 스티븐 리콕은 이렇게 끝나는 소개말에 응하지 않을 수 없었던 때를 회상한다.

"오늘은 올겨울 우리 연재 강좌의 제1회 강좌입니다. 아시다시피 지난 번 연재 강좌는 성공적이지 못했습니다. 실제로 연말 회계는 적자였습니다. 그래서 올해는 새로이 강사료가 좀 저렴한 인재들로 강사진을 꾸려보았습니다. 자, 리콕 씨를 소개합니다."

리콕 씨는 심드렁하게 말했다.

"청중 앞에서 '저렴한 인재'라고 딱지를 붙이다니, 쥐구멍에라도 기어들어가고 싶은 심정이었죠."

셋째, 열정적으로 소개하라

연사를 소개할 때의 태도는 그 내용만큼이나 중요하다. 연사를 우호적으로 대하려고 애써야 하며, 당신이 얼마나 영광인지 말하는 대신에 진심으로 즐기듯 소개말을 하라. 마지막으로 연사의 이름을 말할 때 분위기를 고조시키듯 한층 열광적으로 하면 청중은 더욱 열렬한 박수로 연사를 맞을 것이다. 이렇듯 청중이 호감을 보이면 연사도 자극이 되어 열과 성을 다할 것이다.

소개말 끝에 연사의 이름을 말할 때 '정지pause', '분리part', '강세punch'라는 세 단어를 기억해두면 좋다. '정지'는 사람의 이름을 말하기 전에 잠깐 침묵함으로써 기대감을 고조시키는 것을 의미한다. '분리'는 성과 이름을 약간의 시간을 두고 말함으로써 청중이 연사의 이름을 정확히 알아듣게 하려는 데 목적이 있다. '강세'는 이름을 말할 때 활기차고 또박또박 발음하라는 의미다.

한 가지 더 조심할 게 있다. 연사의 이름을 발음할 때 절대 연사 쪽을 쳐다보지 말고 최후의 한 음절을 말할 때까지 청중을 바라보라는 것이다. 그렇게 끝내고 나서 연사를 쳐다보라. 많은 사회자들이 소개말을 훌륭하게 끝내고 나서 마지막 단계에 청중을 무시하고 연사만 바라보며 이름을 말하다 망쳐버리는 경우를 많이 보았다.

넷째, 따뜻하고 성실하게 하라

마지막으로, 성실한 모습을 보여라. 비난하는 말이나 조롱하는 유머는 삼가라. 풍자적인 소개말은 자칫하면 청중에게 오해를 받을 수 있다. 따뜻하고 성실한 모습을 보여라. 당신은 고도의 수완과 재치가 필요한 사회적 상황에 처해 있다. 아무리 연사와 친밀한 관계라 해도 청중은 그렇지 않다. 당신의 말 중 일부가 본뜻은 순수하다고 해도 오해를 불러일으킬 수 있다.

다섯째, 상을 발표할 때 하는 연설, 철저하게 준비하라

'인간이 내심 가장 크게 바라는 욕구는 인정의 욕구임이 증명되었다. 명예 말이다!'

저자인 매저리 윌슨은 이 문장으로 인간의 보편적인 감정을 표현했다.

우리 모두 사는 동안 잘하기를 바란다. 우리의 진가를 인정받고 싶어 한다. 공식적인 행사에서 재능을 칭찬받지 않더라도 다른 사람의 칭찬 한 마디는 마법처럼 기운을 돋워준다.

테니스 스타인 앨시어 깁슨은 자서전 제목에 이러한 '인간적인 갈망'을 교묘하게 표현했다. 그 책의 제목은《나는 대단한 사람이 되고 싶었다》였다.

수상 발표 연설을 할 때 우리는 수상자에게 정말로 대단한 사람이라며 안심시켜 준다. 그는 일정한 노력을 성공적으로 했다. 그는 상을 받을 자격이 있다. 우리는 그에게 이 상을 수여하기 위해 이 자리에 모였다. 우리가 하는 말은 간결해야 하지만 세심하게 골라야 한다. 상을 받는 데 익숙한 사람들에게는 별로 큰 의미가 아닐 수 있지만 운이 그다지 좋지 못했던 사람에게는 평생 기억에 남을 추억이 되기 때문이다.

따라서 상을 발표할 때 어휘 선택을 각별히 주의해야 한다. 다음은 금과옥조 같은 원칙이다.

1. 상을 수여하게 된 이유를 구체적으로 설명하라. 오래 한 직장에서 근무했거나 대회에서 우승했거나 아니면 우수한 업적을 달성했기 때문일 수도 있다. 이를 간단하게 설명하라.
2. 상을 받는 사람의 업적이나 인생에서 청중의 관심을 끌 만한 사실을 언급하라.
3. 수상자가 상을 받을 만한 자격이 충분하며, 다른 사람들도 수상자에게 우호적이라는 사실을 말하라.
4. 수상자를 축하하고 모두 그의 미래에 축복이 있기를 빈다고 말하라.

이런 짧은 연설에 성실함만큼 필수적인 것이 없다. 모두 말은 하지 않아도 그렇게 인식하고 있다. 따라서 수상자는 물론이고 상을 발표할 사람으로 선정되었을 때도 명예롭게 생각해야 한다. 아마 당신의 동료는 이성과 감성이 요구되는 이 일을 당신이 맡아야 한다고 적극 추천했는지도 모른다. 이 말은 다른 연사들이 저지르기 쉬운 실수를 당신은 저지르지 말아야 한다는 의미이기도 하다. 그 실수는 대체로 과장하는 것과 관련되어 있다.

수상자를 발표하는 연설을 할 때 수상자의 장점을 실제보다 부풀려 말하기 쉽다. 상을 받게 된 이유는 언급해야 하지만 과장된 칭찬은 덧붙이지 마라. 과장된 칭찬은 수상자를 불편하게 하고, 그를 더 잘 아는 청중에게는 신뢰를 떨어뜨린다.

우리는 또한 선물의 중요성을 과장하지 말아야 한다. 선물의 본래 값을 강조하기보다는 선물을 주는 사람의 따뜻한 호의를 강조한다.

여섯째, 수상 소감을 말할 때는 진지하게 감정을 표현하라

수상 소감은 발표 연설보다 더 짧아야 한다. 암기해야 할 필요는 없지만 마음의 준비를 해두면 여러모로 유리하다. 만약 수상자 발표와 동시에 수상한 사실을 알게 된다면 훗날 두고두고 자랑거리가 될 감사 인사를 할 때 당황해서는 안 된다.

"감사합니다.", "제 생애 최고의 날입니다.", "저에게 최고의 선물입니다."라고 그냥 중얼거리는 것은 별로 좋지 않다. 발표 연설 때와 마찬가지로 과장된 말은 위험하다. '내 인생 최고의 날'이라든가 '가장 멋진 일'은 표현이 너무 지나치다. 더욱 절제된 말로도 진심 어린 감사를 표현할 수도 있다. 다음은 추천할 만한 표현이다.

1. 따뜻하고 진지하게 "감사합니다."라고 관객에게 말한다.
2. 당신을 도와준 사람들, 동료, 고용인, 친구, 가족에게 감사의 말을 한다.
3. 선물 또는 상이 당신에게 어떤 의미인지 말한다. 포장된 선물인 경우에는 포장을 풀고 사람들에게 보여준다. 그 선물이 얼마나 쓸모가 있고 아름다운지, 또는 어떻게 사용할 것인지 말한다.
4. 진지하게 또 한 번 감사의 말을 하면서 끝낸다.

이 장에서 세 가지 특별한 종류의 연설에 대해 알아보았다. 직장이나 어떤 조직 또는 클럽에 소속되어 있으면 언제 그런 종류의 연설을 하게 될지 모른다. 이런 연설을 할 때 이 책에 나온 조언을 신중하게 따른다면 때와 장소에 적합한 연설을 하고 만족을 얻을 것이다.

긴 연설을 구성하는 법

정신이 온전한 사람이라면 설계도 없이 집을 짓지는 않을 것이다. 그런데 왜 연설을 할 때는 무엇을 성취하고 싶은지 막연하게나마 생각하지도 않고 시작하는 걸까?

말하기란 목적이 있는 항해와 같기 때문에 반드시 해도가 있어야 한다. 반드시 도표가 있어야 한다. 목적지 없이 출발하는 사람은 아무 데도 가지 못한다.

효과적인 말하기를 배우는 전 세계 수강생들이 모여 있는 출입문마다 30센티미터가 넘는 빨간색 글씨로 나폴레옹의 격언을 적어놓을 수 있다면 얼마나 좋을까.

"전술은 과학이다. 계산하고 끝까지 고민하지 않으면 절대 성공할 수 없다."

이 말은 총쏘기뿐만 아니라 말하기에도 해당한다. 그런데 연사가 그 사실을 알까? 설령 안다고 해도 그에 맞게 행동할까? 그렇지 않다. 사람들은 연설을 준비할 때 간단한 아일랜드 스튜 한 그릇을 만들 때보다 조금 더 생각하고 계획할 뿐이다.

사고의 파편들을 어떻게 하면 가장 효과적으로 배열할까? 곰곰이 생각하지 않으면 아무 해답도 얻을 수 없다. 그것은 모든 연사가 몇 번이라도 스스로 묻고 대답해보지 않으면 안 되는 새로운 문제이며 영원한 질문이다. 결코 확실한 법칙이라는 것은 없다. 어쨌든 청중의 행동을 촉구하는 비교적 긴 연설은 세 단계 즉, '시선 끌기 단계', '본론' 그리고 '결론'으로 구성할 수 있다. 그리고 단계별로 세월의 검증을 받은 유용한 전개 방법이 있다.

첫째, 처음부터 관심을 집중시켜라

언젠가 전직 노스웨스턴 대학 총장이었던 린 해럴드 휴 박사에게 연사로 오래 활동해오면서 배운 가장 중요한 교훈이 무엇이냐고 물었다. 그는 잠깐 생각하더니 "청중의 관심을 끌려면 연설을 시작하자마자 우호적인 호기심을 자극해야 한다."고 대답했다. 휴 박사는 설득력 있는 화술의 핵심을 찌르고 있다. 즉, 어떻게 하면 최초의 한 마디로 청중의 관심을 끄느냐 하는 문제다. 여기 첫 마디부터 청중의 관심을 끌어당길 수 있는 몇 가지 방법이 있다.

사건 · 사례로 이야기를 시작하라

뉴스 해설가 겸 강연자, 영화 제작자로도 세계에 널리 알려진 로웰 토머스는 아라비아의 로렌스에 관한 강연을 이런 식으로 시작한다.

"어느 날 예루살렘의 기독교인 마을 거리를 걷고 있는데 동양의 지도자처럼 치렁치렁하게 긴 옷을 입은 남자를 만났습니다. 허리 옆에는 선지자 마호메트의 자손이나 차고 다닐 법한 둥근 금빛 검이 달랑 거리고 있었습니다."

그의 이야기는 이렇게 시작되었다. 자신의 경험담으로 시작한 것이다. 이것이 관심을 집중시키는 방법이다. 이런 종류의 첫 마디는 실패할 염려가 별로 없다. 아니 실패할 수가 없다. 우리의 마음을 움직이고 앞으로 나아가면 이미 그 상황의 일부가 된 우리는 이야기가 어떻게 진행될지 궁금해서 열심히 따라간다. 연설 서두에 스토리를 넣는 것보다 더 강력한 관심 끌기 방법은 없을 것이다.

내가 수없이 했던 연설 중에 이렇게 시작되는 게 있다.

"대학을 졸업하고 얼마 되지 않았을 때입니다. 어느 날 밤 사우스다코타 주 휴런 거리를 걷고 있었는데 한 남자가 상자에 올라서서 한 무리의 사람들에게 이야기를 하고 있더군요. 저는 호기심에 이끌려 사람들 틈에 끼어 이야기를 들었습니다. 그 연사가 말했습니다.

"인디언 중에 대머리가 없다는 사실을 아십니까? 그럼 여자들 중에 대머리인 경우를 본 적이 있습니까? 자, 제가 드리려는 말씀은 왜……."

시간 끌기는 안 된다. '워밍업' 삼아 다른 말을 할 시간도 없다. 곧장 사건 사례를 들면 쉽게 청중의 관심을 끌어 모을 수 있다.

자기 경험담으로 연설을 시작하면 안전하다. 적당한 어휘를 찾을 필요도 없고 생각이 끊길 염려도 없기 때문이다. 그가 말한 경험담은 그의 것이며, 다시 말해 삶의 일부, 그라는 존재의 한 가닥을 가지고 재생시킨 것이다. 그러면 결과는 어떨까? 연사가 자신감 넘치고 느긋한 태도를 취할 수 있어서 청중과 우호적인 관계를 맺는 데 도움이 된다.

처음부터 긴장감을 고조시켜라

다음은 파월 힐리가 필라델피아 펜 애슬레틱 클럽에서 강연했을 때 첫머리에 썼던 방법이다.

"82년 전 런던의 어느 출판사에서 그리 두껍지 않은 책이 출간되었습니다. 장차 영원불멸의 운명을 가진 작은 책이었죠. 많은 사람이 그 책을 가리켜 '세상에서 가장 위대한 작은 책'이라고 불렀습니다. 그 책이 처음 세상에 나왔을 때 거리에 모인 친구들은 서로 물었습니다. '자네 그 책 읽어봤나?' 대답은 한결같았습니다. '물론이지. 그에게 은총이 있기를.' 그 책은 출간된 첫날 1,000부가 팔렸습니다. 2주일도 되지 않아 1만 5,000부가 팔려나갔습니다. 그 후로 셀 수 없이 많은 쇄를 찍어냈고, 이 세상 온갖 언어로 번역되었습니다. 몇 년 전 모건이 막대한 돈을 주고 구입한 그 책의 초판은 지금 그의 대단한 아트 갤러리에 값을 매길 수 없는 보물들과 나란히 놓여 있습니다. 세계적으로 유명한 이 책의 제목은 무엇일까요? 그것은……."

호기심이 발동하지 않는가? 이야기를 좀 더 듣고 싶지 않은가? 연사는 청중의 뜨거운 관심을 받았을까? 당신도 처음부터 호기심이 발동하고 이야기가 진행될수록 흥미가 고조되었는가? 그 이유는 무엇일까? 그의 말이 당신의 호기심을 유발하고 마음 졸이게 만들었기 때문이다.

호기심! 그걸 당해낼 사람이 누가 있을까?

당신도 그럴 것이다! 당신은 저자가 누구이며, 책의 제목이 무엇인지 물어볼 것이다. 자, 당신의 호기심을 채워줄까? 정답은 이것이다. 저자는 찰스 디킨스, 책의 제목은 《크리스마스 캐럴》이다.

긴장감을 유발하는 것은 청중의 관심을 붙들어두는 확실한 방법이다. '걱정을 그만두고 새 삶을 시작하라.'라는 강연을 할 때 나도 이런 식으로 긴장감을 고조시킨다. 나는 이렇게 시작한다.

"1871년 봄, 세계적인 내과의사가 될 운명을 타고 난 젊은이가 책을 뽑아들고 그의 운명에 지대한 영향을 끼치게 될 스물한 글자로 된 글귀를 읽었습니다."

스물한 글자가 무엇이지? 그리고 그 글자가 도대체 어떤 영향을 끼쳤단 말이야? 해답을 알고 싶은 청중들 사이에선 이런 질문이 오간다.

깜짝 놀랄 만한 이야기로 강연을 시작하라

펜실베이니아 주립대학 결혼상담소 소장인 클리포드 애덤스는 〈리더스 다이제스트〉에 '배우자를 고르는 법'이라는 제목의 기사를 썼다. 그는 기사 첫머리에 다음과 같은 놀라운 사실, 누구나 숨을 죽이고 눈을 크게 뜰만 한 사실을 소개했다.

'오늘날 젊은이가 결혼으로 행복하게 될 확률은 실로 희박하다. 우리의 이혼율은 놀랄 정도로 증가하고 있다. 1940년에는 다섯 또는 여섯 쌍 중에 한 쌍이 파탄을 맞았다. 1946년에는 네 쌍 중에 한 쌍꼴로 증가할 것으로 예상된다. 그리고 이런 추세는 계속되어 50년 후에는 두 쌍 중 한 쌍꼴로 이혼을 하게 될 것이다.'

여기 '충격적인 사실'로 강연을 시작한, 다른 예가 두 가지 더 있다.

"국방부에서 예측하기를 핵전쟁이 일어나면 첫날에 2,000만 명의 미국인이 사망할 거라고 합니다."

"몇 년 전 스크립스 하워드 신문사는 17만 6,000달러의 비용을 들여 소비자가 소매점에 불만을 갖는 이유를 조사했습니다. 이는 소매점에 관한 문제점을 파헤쳐온 역대 조사 중에 가장 큰 비용을 들인 가장 과학적이면서 철저한 조사였습니다. 16개 도시 5만 4,047세대에 설문지가 배포되었습니다. 그 설문 중에는 '이 동네 상점들의 어떤 점이 마음에 들지 않습니까?'라는 항목이 있었습니다. 그 설문에 대답한 사람들 중 5분의 2 정도가 똑같은 대답을 했습니다. '불친절한 점원이요!'"

강연을 시작할 때 깜짝 놀랄 만한 사실을 털어놓는 방법은 청중과의 관계를 맺는 데 효과적이다. 청중의 머릿속에 충격을 가하기 때문이다. 강연 주제에 관심을 집중시키기 위해 뜻밖의 사실을 털어놓음으로써 관심을 끄는 일종의 '충격 요법'이다. 워싱턴 D.C.에서 우리 강좌를 듣는 수강생 한 명은 이 방법을 이용해서 내가 들은 어떤 연설보다도 효과적으로 호기심을 유발했다. 그녀의 이름은 메그 셰일이다. 그녀의 연설 첫머리는 이랬다.

"저는 10년간 감옥에 있었습니다. 흔히 아는 감옥이 아니라, 나의 열등감을 걱정하는 벽과 비난에 대한 두려움으로 만들어진 쇠창살이 있는 감옥이었습니다."

당신은 이 연사의 실제 인생 역정을 더 알고 싶지 않은가?

다만 충격적인 말로 연설을 시작할 때 빠지기 쉬운 위험 즉, 지나치게 극적이다든가 지나치게 선정적으로 흐르는 경향은 피해야 한다. 어떤 연사는 허공을 향해 권총을 쏘며 강연을 시작했다. 즉각적으로 관심은 모았을지 모르지만 듣는 사람들의 귀청을 떨어지게 할 뻔했다.

이야기의 첫머리는 자연스럽게 대화하듯 말하는 것이 좋다. 당신의 오프닝 멘트가 대화하듯 말할 수 있는 내용인지 아닌지 판별하려면 저녁 식탁에서 직접 말해보라. 만약 저녁 식탁에서 꺼낼 만한 대화 내용이 아니면 청중 앞에서 말하기에도 적당하지 않을 것이다.

청중의 관심을 끌어야 하는 강연의 첫머리가 실제 강연에서 가장 재미없는 부분이 될 수도 있다. 예를 들어, 최근에 어떤 연사가 이런 식으로 연설을 시작하는 것을 들었다.

"신을 믿으십시오. 자신의 능력을 믿으십시오."

세상에, 누가 들어도 설교 같은 말로 강연을 시작하다니! 하지만 그의 세 번째 문장을 주목하라. 그 문장은 흥미로웠다. 가슴을 두근거리게 하는 면도 있었다.

"제 어머니는 1918년 세 아이를 둔 과부가 되셨습니다. 돈도 한 푼 없는……."

왜, 도대체 왜, 그 연사는 첫 마디부터 자기 어머니가 세 아이를 데리고 고생한 이야기를 꺼내지 않았을까!

청중의 흥미를 끌고 싶다면 서론을 길게 늘어놓지 마라. 곧장 이야기의 핵심으로 들어가라.

프랭크 베트거도 그런 식으로 했다. 그는 《실패에서 성공으로How I Raised Myself From Failure to Success in Selling》의 저자다. 첫 문장으로 긴장감을 고조시키는 그의 기술은 가히 예술이다. 그와 함께 청년상공회의소의 후원을 받아 미국 전역을 순회하며, 영업에 관한 강연을 했기 때문에 잘 알고 있다. 나는 열정적으로 강연의 포문을 여는 그의 기술을 보며 언제나 감탄을 금치 못했다. 설교도 아니고 가르치려는 것도 아니었다. 잔소리도 아니었다. 일반적인 개요를 설명하는 것도 아니다. 프랭크 베트거는 첫 문장부터 곧장 자기가 말하려는 주제의 핵심을 파고

들었다. 그는 이렇게 열정적으로 강연을 시작했다.

"직업 야구 선수가 된 직후 나에게 평생 최대의 충격을 안겨준 사건이 일어났습니다."

이런 첫마디가 청중에게 어떤 효과를 끼쳤을까? 나는 그 자리에 있었기 때문에 잘 안다. 청중의 반응을 목격할 수 있었다. 그는 단번에 청중의 관심을 끌었다. 청중은 그가 왜, 무슨 충격을 받았는지 알고 싶어 눈을 반짝였다.

청중에게 손을 들어 의견을 말하게 하라

청중에게 질문을 던지고 손을 들어 대답하게 하는 것도 청중의 관심을 모으는 좋은 방법이다. 예를 들어, 나는 '피로를 예방하는 법'이라는 주제로 강연을 할 때 처음부터 이런 질문을 던졌다.

"제가 질문을 하나 할 테니 손을 들어 대답해주십시오. 여러분 중에 다른 사람보다 더 빨리 피로를 느낀다고 생각하시는 분 계십니까?"

이때 주의할 점이 있다. 손을 들어달라고 부탁할 때 청중에게 미리 그런 사실을 예고해야 한다는 점이다. 대뜸 이런 식으로 말해서는 안 된다.

"이 중에서 소득세를 내려야 한다고 생각하는 분이 몇 분이나 되십니까? 손을 들어보십시오."

그보다는 청중이 마음의 결정을 내릴 수 있게 준비 시간을 주는 게 좋다.

"여러분에게 중요한 질문을 하려고 하는데 손을 들어 답변해주십시오. 질문은 이것입니다. '여러분 중에 경품 쿠폰이 소비자에게 혜택이라고 믿는 분이 몇 분이나 계십니까?'"

손을 들어 대답해 달라고 하는 방법은 소위 '청중의 참여'라고 하는 대단히 값진 반응을 얻을 수 있다. 연사가 이 방법을 쓰면 말하기는 더 이상 일방적이지 않다. 청중이 지금 말하기에 참여하고 있다.

"여러분 중 일반 사람보다 빨리 피로를 느끼는 분이 있습니까?"라고 물으면 청중은 자신과 관련 있는 문제 즉, 자기 자신이라든가 몸의 고통, 피로 등에 대해 생각하기 시작한다. 아마 손을 번쩍 들고 나서 또 누가 손을 드나 둘러볼 것이다. 자신이 강연을 듣고 있다는 사실을 잊을 수도 있다. 빙그레 웃기도 하고 옆 자리에 앉은 친구에게 고개를 끄덕인다. 그러다 보면 경직됐던 분위기는 누그러진다. 연사는 마음이 느긋해지고 청중도 그렇게 된다.

청중에게 그들이 원하는 것을 얻게 해주겠다고 약속하라

거의 실패 없이 신속히 청중의 관심을 끄는 방법 중에 '내 제안대로 하면 당신들이 원하는 바를 이루게 해주겠다.'라고 약속하는 방법이 있다. 다음 사례를 보면 무슨 뜻인지 이해가 갈 것이다.

"자, 지금부터 피로를 예방하는 방법에 대해 말씀드리려고 합니다. 하루에 한 시간 더 깨어 있는 방법도 귀띔해드리지요."

"자, 실질적으로 수입을 증가시킬 수 있는 방법을 가르쳐드리죠."

"약속드립니다. 만약 여러분이 제 말을 10분만 잘 들으시면 지금보다 큰 인기를 얻을 수 있는 확실한 방법을 알려드리겠습니다."

이렇게 강연을 시작할 때 '약속'을 하면 청중의 이익과 직결되기 때문에 확실히 관심을 끌 수 있다. 어떤 연사는 강연 주제를 청중의 이익과 연결시키는 일에 소홀히 한다. 관심을 집중시키기 위한 '문'을 열기는커녕 연설 주제의 역사를 더듬는다든지 주제를 이해하는 데 필요한 배경 지식 따위를 설명하는 등 따분한 말로 그 문을 닫아버린다.

몇 년 전 화제 자체가 청중의 비상한 관심을 끌만 했던 강연을 들은 적이 있다. 다름 아닌 규칙적인 정기검진의 필요성에 관한 강연이었다. 연사는 어떻게 강연을 시작했을까? 효과적인 첫 마디로 화제 자체의 매력을 배가시켰을까? 천만에. 그는 강연 주제의 역사적 유래를 밋밋하게 읊는 것으로 강연을 시작했고 청중은 그와 그의 주제에 점차 흥미를 잃어갔다. '약속' 기법을 이용해서 강연을 시작했더라면 훨씬 적절했을 텐데. 예를 들어 이렇게 말이다.

"여러분은 기대 수명이 얼마나 되는지 아십니까? 생명보험 회사들이 수백만 명의 수명을 조사하여 통계 낸 기대 수명 통계치에 의하면 이렇게 예측할 수 있습니다. 80세에서 현재 연령을 뺀 햇수의 3분 2가 지금부터 여러분이 기대할 수 있는 수명입니다. 자, 그렇다면 여러분에게는 이 수명이 충분합니까? 천만에요, 그렇지 않을 겁니다. 누구나 더 오래 살고 싶어 하며 이 예측이 틀렸기를 바랍니다. 그럼 어떻게 해야 그렇게 될까요? 과연 충격적일 정도로 얼마 남지 않은 기대 수명을 더 연장할 수 있을까요? 그렇습니다, 그렇게 될 수 있는 방법이 있습니다. 제가 그 방법을 가르쳐드리겠습니다."

연사가 이런 식으로 이야기를 시작했을 때 귀가 솔깃하다 해도 이 방식이 당신의 호기심을 끄는지 아닌지는 전적으로 당신에게 달렸다. 하지만 당신은 그의 이야기를 들어야 한다. 그가 당신과 당신의 인생뿐만 아니라 당신에게 개인적으로 아주 중요한 이야기를 들려주겠다고 약속했기 때문이다. 다만 이때 청중과 관계없는 사실들을 따분하게 늘어놓지는 말라! 그렇게 시작되는 강연만큼 참기 힘든 것도 없다.

전시물을 이용하라

가장 쉽게 관심을 끄는 방법은 아마 사람들 눈앞에서 뭔가를 들고 있는 것이리라. 단세포 생물부터 복잡하게 진화한 생명체도 모두 그런 자극에 민감해진다. 아무리 점잔빼는 청중에게도 그 방법은 가끔 효과가 있다. 예를 들어, 필라델피아의 엘리스 씨는 엄지와 검지 사이에 끼운 동전을 어깨 위로 번쩍 들어 보이면서 강연을 시작했다. 사람들의 시선이 자연히 그리로 향했다. 그때 그가 질문을 했다.

"길을 가다가 이렇게 생긴 동전을 보신 분 계십니까? 그런 운 좋은 분은 개발을 앞둔 부동산의 일부를 공짜로 얻게 된다고 선전하더군요. 그런 분은 갖고 있지만 말고 신고를 해서 동전을 제시하면……."

그러고 나서 엘리스는 동전과 관련해서 오해의 소지가 있고 비도덕적인 행동을 비난하기 시작했다.

앞서 말한 방법들은 모두 권할 만하다. 한 가지씩 사용할 수도 있고, 여러 가지 섞어서 사용할 수도 있다. 어떤 식으로 이야기를 시작할 것인가 하는 문제는 크게 청중이 당신과 당신의 메시지를 받아들이느냐에 달려 있다.

둘째, 비우호적인 관심은 피하라

부디, 부디, 청중의 관심을 끌되 호감 어린 관심을 받아야 한다는 점을 잊지 마라. '호감 어린 관심'이라고 말했음에 주목하라. 생각 있는 연사라면 청중을 모욕하지 않으며, 청중이 연사와 연사의 메시지에 반감을 갖거나 불쾌해 하거나 동의할 수 없는 말로 강연을 시작하지 않는다. 그러나 놀랍게도 많은 연사들이 다음과 같은 식으로 관심을 끌려다 역효과를 내고 만다.

양해를 구하는 말로 강연을 시작하지 않는다

양해를 구하는 말로 강연을 시작하는 것은 좋은 출발이 아니다. 청중에게 준비가 부족했다느니 능력이 부족하다느니 하는 말을 꺼냄으로써 청중의 관심을 불러일으키려는 연사가 얼마나 많은지 모른다. 만약 당신이 준비가 되어 있지 않다면 청중은 듣지 않아도 알아차릴 것이다. 준비도 안 해올 만큼 청중을 중요하게 생각하지 않는다는 암시를 주는 것은 청중을 모독하는 일이 아닐까? 그러면 안 된다. 청중은 변명 따위는 듣고 싶어 하지 않는다. 청중은 뭔가를 배우고 흥미를 느끼고 싶어 한다. 흥미를 느끼고 싶어 한다는 점을 명심하라. 청중의 관심을 사로잡을 만한 첫 문장으로 강연을 시작하라. 두 번째 문장도 아니고, 세 번째 문장도 아니고 첫 문장이다!

'익살스러운' 이야기로 강연을 시작하지 마라

강연을 시작하는 방법 중 하나면서 연사들이 즐겨 사용하지만 이 책에서는 별로 권하고 싶지 않은 방법이 있다. 강연 첫머리에 소위 '웃기는' 이야기를 꺼내는 것이다. 초심자는 몇 가지 한심한 이유로 농담을 던져 강연을 '가볍게' 만들어야 하는 줄 안다. 자신이 마크 트웨인의 망토라도 걸친 듯이 구는 것이다. 이런 함정에 빠져서는 안 된다. 당신은 '웃기는' 이야기가 재미있기보다 종종 애처로워 보인다는 뼈아픈 진실에 당황하게 될 것이다. 게다가 그 이야기가 청중이 아는 이야기이기라도 하다면 결과는 더욱 안 좋은 것이다.

설령 유머 감각이 어느 연사에게나 값진 자산이라고 해도 말이다. 물론 강연을 묵직하고 거창하고 지나치게 엄숙하게 시작할 필요는 없다. 그래서도 안 된다. 절대로. 다만 그 지역 상황이라든지 그 행사에서 일어난 사건 또는 앞에 나온 연사의 말과 관련해서 위트 있는 말로 청중의 웃음보를 터뜨릴 자신이 있다면 그렇게 하라. 혹시 부조화스러운 점이 있는지 잘 관찰해서 그것을 과장해서 이야기하라. 그런 종류의 유머는 '팻과 마이크(캐서린 헵번과 스펜서 트레이시가 나온 1952년 코미디-역자 주)'라든지 장모 또는 털이 수북한 강아지에 관한 시시껄렁한 농담보다 성공할 가능성이 높다. 상황에 어울리고 독창적이기 때문이다.

유쾌한 분위기를 만들어내는 가장 쉬운 방법은 연사 자신에 대한 이야기를 하는 것이다. 어처구니없었거나 당황스러운 상황에 처했던 이야기를 들려줘라. 이것이야말로 유머의 정수다. 잭 베니는 몇 년간 이런 방법을 썼다. 그는 자신을 '조롱거리로 삼은' 최초의 라디오 코미디언이었다. 그는 스스로 자신의 바이올린 연주 실력이라든지 구두쇠 성격, 자기 나이를 농담거리로 삼음으로써 몇 년간 인기 상위를 유지할 수 있는 유머의 광맥을 찾았다.

청중은 자신의 부족함과 실패를 재미있게 드러내서 교묘히 자신을 낮추는 연사를 주목하고 마음뿐만 아니라 머리도 열게 된다. 반대로 '목에 힘을 주는' 이미지라든지 뭐든지 아는 전문가인 척하는 연사에게는 냉담하게 반응하고 마음을 꼭꼭 닫는다.

셋째, 요점을 뒷받침하라

행동을 촉구하는 긴 연설을 할 때는 요점이 여러 개 있을 것이다. 요점이 적으면 좋겠지만, 어쨌든 그 요점을 뒷받침할 근거가 필요하다.

앞에서 우리는 연설의 요점, 즉 당신이 청중에게 바라는 바를 일화라든지 경험담으로 뒷받침하는 방법에 대해 논의했다. 이런 방식은 인기가 있다. '이야기를 싫어하는 사람은 없다'는 말도 있듯 인간의 기본적인 욕구를 자극하기 때문이다. 자신이 겪은 사건이나 해프닝은 평범한 연사들이 가장 손쉽게 이용하는 사례이지만, 그것만으로 요점을 뒷받침할 수 있는 것은 아니다. 과학적으로 분류한 사례에 지나지 않는 통계라든가 전문가의 증언, 비유, 전시물 또는 증명해 보이기 같은 방법을 활용할 수도 있다.

통계 자료를 이용하라

통계는 특정한 종류의 사례가 어느 정도 비율을 차지하는지 보여줄 때 이용된다. 특히 하나뿐인 사례가 증거로서 충분하지 않을 경우 통계는 납득이 가게 해주고 신뢰를 준다. 가령 설크 소아마비 백신 프로그램의 효능은 전국 각지에서 집계된 통계 수치로 확인되었다. 백신 프로그램의 효과를 보지 못한 사례는 예외 없는 규칙이 없다고, 바로 그런 예외에 해당한다. 따라서 이런 예외만 가지고 강연을 하면 그 이야기를 듣는 부모들에게 설크 백신 프로그램이 자녀를 보호해주지 못할 수도 있다는 생각을 심어줄 수 있다.

통계 자료 자체는 단조로울 수 있다. 통계는 현명하게 사용해야 하며, 사용할 때는 상세하고 도표로 보듯 말로써 설명해야 한다.

여기, 통계 수치를 우리에게 익숙한 사실과 비교함으로써 인상적으로 사용한 사례가 있다. 한 전화 회사 임원은 뉴욕 시민들이 전화를 빨리 받지 않아서 얼마나 많은 시간을 낭비하는지 강조하려고 이렇듯 통계를 이용했다.

"전화를 걸었을 때 100건 중의 7건은 받는 사람이 전화를 받기까지 1분 이상 걸린다. 매일 이런 식으로 28만 분이 낭비된다. 6개월 동안 뉴욕에서 이런 식으로 낭비되는 시간은 콜럼버스가 아메리카를 발견한 후 오늘날까지의 평일 시간을 합친 것과 같다."

단순한 숫자와 양만 말해줘서는 인상적일 수 없다. 사례를 들어 설명해줘야 한다. 가능하면 경험과 관련된 사례를 이용한다. 언젠가 그랜드 쿨리 댐 밑에 설치된 거대한 발전실에서 한 안내인이 해줬던 설명이 기억난다. 그는 발전실의 크기를 면적을 나타내는 단위를 써서 설명해줄 수도 있었지만, 그랬더라면 그다지 인상에 남지 않았을 것이다. 그는 발전실의 크기를 설명하면서 규정된 크기의 축구장과 만 명의 관중이 들어갈 수 있고, 양쪽 끝에 테니스 코트도 여러 개 만들 수 있는 넓이라고 했다.

몇 년 전 브루클린 센트럴 YMCA에서 나의 강좌에 참가했던 한 수강생이 연설을 하던 중 지난 한 해 동안 화재로 손실된 건물이 많다는 사실을 언급했다. 그는 나아가서 불탄 건물을 다닥다닥 붙여놓으면 그 줄이 뉴욕에서 시카고까지 이어질 거라고 했다. 그뿐만이 아니었다. 화재로 사망한 사람을 500미터 간격으로 늘어놓으면, 그 끔찍한 행렬이 시카고까지 갔다가 다시 브루클린으로 되돌아올 거라고 했다.

그때 들은 숫자는 곧바로 잊어버렸다. 다만 시간이 흘러 지금까지도 문득 맨해튼 섬에서 일리노이 주 쿡카운티까지 불타고 있는 건물의 행렬이 눈에 보이는 것 같다.

전문가를 증거로 이용하라

강연의 뼈대를 만들 때 전문가를 증거로 이용하면 강조하고픈 요점을 효과적으로 뒷받침할 수 있다. 다만 증거로 이용하기 전에 이런 질문을 통해 요점을 확실히 해두어야 한다.

1. 내가 인용하는 말이 정확한가?
2. 주제와 관련된 전문가의 말을 인용하는가? 경제학을 이야기하면서 조 루이스(헤비급 복싱 챔피언-역자주)를 언급하는 것은 그의 강점이 아니라 이름을 이용하려는 것이다.
3. 청중이 잘 알고 존경하는 인물인가?
4. 그 말을 직접 알게 된 것인가, 혹시 개인적인 이해관계나 편견이 들어가지 않았는가?

몇 년 전 브루클린 상공회의소에서 개최한 우리 강좌에서 수강생 한 명이 앤드루 카네기의 말을 인용해서 전문화의 필요성에 관해 이야기를 했다. 그는 제대로 고른 것일까? 그렇다. 앤드루 카네기는 누가 봐도 비즈니스 성공 비결에 관해 말할 수 있는 자격을 가졌으며 청중의 존경을 받는 사람이므로 인물을 제대로 선택한 것이다. 그가 인용한 글귀는 오늘날에도 되풀이할 만한 가치가 있다.

어떤 분야에서든 걸출한 성공을 거두려면 스스로 그 방면의 장인이 되어야 한다고 나는 믿는다. 자질을 여러 가지로 분산시키는 것은 바람직하지 않다. 나의 경험으로 볼 때 설사 돈은 많이 벌었다고 해도 성공한 사람치고 여러 분야에 관심을 두는 경우는 드물다. 성공한 사람은 한 분야를 택해서 매진한 사람이다.

비유를 이용하라

웹스터 사전에 의하면 비유란 '사물 자체보다 속성이나 상황, 효과 등이 유사한 두 사물 간의 유사성을 비교하여 설명하는 것'을 뜻한다.

비유는 핵심 내용을 뒷받침하는 데 좋은 방법이다. 다음은 지라드 데이비슨이 내무부 차관이었을 때 '전력 증강의 필요성'에 관해 강연한 내용을 요약한 것이다. 자, 그가 자신의 요점을 뒷받침하기 위해 비교와 비유를 어떻게 이용했는지 보라.

"번영하는 경제는 계속 전진해야 합니다. 그렇지 않으면 추락합니다. 그 점은 비행기에 비유할 수 있습니다. 비행기는 지상에 가만히 서 있으면 너트와 볼트로 조립한 물건에 불과합니다. 허공을 가르며 앞으로 나아갈 때 제 기능을 다하는 겁니다. 그런데 비행기가 공중에 떠 있으려면 계속 전진해야 합니다. 움직이지 않으면 떨어지고 맙니다. 게다가 비행기는 후퇴할 수 없습니다."

여기 또 다른 예가 있다. 아마 웅변의 역사상 가장 훌륭한 비유일 것이다. 남북전쟁의 위기 때 링컨이 비판자들에게 답변하면서 썼던 비유이다.

"여러분, 잠깐만 어떤 경우를 추측해보십시오. 여러분이 소중하게 생각하는 재산이 모두 금인데, 그 금을 유명한 줄타기 곡예사인 블롱댕에게 맡기고 나이아가라 폭포 위에 쳐 놓은 팽팽한 줄 위를 걸어서 건너게 했다고 가정해보십시오. 여러분은 그가 줄을 타고 건너는 동안 줄을 흔드시겠습니까? 혹은 '블롤댕, 조금만 더 몸을 낮추게! 조금 더 빨리 건너!'라고 계속 소리를 지르시겠습니까? 아니요, 여러분은 절대 안 그러실 겁니다. 장담하는데 그러지 않을 겁니다. 아마 입도 다물고 숨도 죽이고 그가 무사히 건널 때까지 주먹도 펴지 못하실 겁니다. 자,

정부도 마찬가지 상황에 처해 있습니다. 엄청난 짐을 지고 폭풍우 몰아치는 바다를 건너고 있습니다. 그의 손에는 실로 엄청난 보물이 쥐어져있습니다. 정부는 지금 최선을 다하고 있습니다. 재촉하지 마십시오! 그저 가만히 있어 주시면 무사히 헤쳐나가게 될 것입니다."

전시물을 이용하거나 시연을 통해 직접 증명해 보여라

아이언 파이어팬 사의 임원들은 딜러들을 상대로 설명회를 하다 연료를 난로 위쪽이 아닌 밑바닥으로 주입해야 하는 사실을 구체적으로 설명해줘야 할 필요를 느꼈다. 그래서 이렇게 간단하면서도 놀라운 실험을 통해 보여주기로 했다. 연사는 양초에 불을 켠 다음 이렇게 말했다.

"자, 불꽃이 얼마나 깨끗하게 타오르는지 보십시오. 불꽃의 키가 얼마나 높습니까. 실제로 연료가 모두 열로 바뀌기 때문에 연기도 나지 않습니다. 양초의 연료는 밑에서 공급됩니다. 아이언 파이어팬의 연료 공급 방식도 그와 똑같습니다. 양초의 연료가 위에서 공급된다고 생각해보십시오. 손으로 연료를 넣는 난로처럼 말입니다(이때 연사는 양초를 거꾸로 든다) 불꽃이 어떻게 사그라지는지 보십시오. 연기 냄새도 나지요. 탁탁 소리도 들어보세요. 불완전 연소로 빨간 불꽃이 생기는 게 보이죠? 그러다 결국 위에서 연료가 충분히 공급되지 않아 불꽃은 꺼지고 맙니다."

몇 년 전 헨니 모턴 로빈슨은 〈유어 라이프〉라는 잡지에 '변호사가 승소하는 법'이라는 흥미로운 기사를 썼다. 그 기사에는 에이브 허머라는 변호사가 손해배상 소송에서 보험회사 측 변호인으로 나가 쇼맨십을 극적으로 발휘하여 승리를 차지한 이야기가 나온다. 고소인인 포슬스웨이트는 엘리베이터 수직 통로로 떨어져서 오른팔을 들 수 없을 정도로 심한 어깨 부상을 입었다고 주장했다.

허머는 굉장히 걱정하는 표정을 지었다.

"자, 포슬스웨이트 씨."

그러고는 자신 있게 말했다.

"부상의 정도를 확인하게 팔을 높이 올려보시겠습니까?"

포슬스웨이트는 조심조심 팔을 귀 높이까지 올렸다.

"자, 그럼 부상 전에는 팔을 어디까지 올렸는지 보여주시겠습니까?"

허머가 말했다.

"여기 이만큼요."

고소인은 이렇게 대답하며 팔을 머리 위로 번쩍 올렸다.

이런 시연에 배심원단이 어떤 반응을 보였을지 보지 않아도 알 수 있을 것이다.

어떤 행동을 촉구하는 긴 연설을 할 때 당신은 세 개 또는 기껏해야 네 개의 요점을 준비할 것이다. 물론 그 요점을 말하는 데는 1분도 안 걸린다. 하지만 청중에게 요점만 열거해서 낭송하면 따분하고 죽은 연설이 될 게 뻔하다. 그럼 어떻게 해야 요점을 제대로 살릴까? 요점을 뒷받침하는 보조 자료를 사용하면 된다. 보조 자료는 연설에 생기와 흥미를 불어넣어 준다. 사건을 사례로 들거나, 비유를 쓰거나, 실제로 증명해 보이면 요점을 분명하고 생생하게 이해할 수 있다. 통계 수치나 전문가의 의견을 인용하면 사실을 입증하고 요점의 중요성을 더욱 강조할 수 있다.

넷째, 행동을 호소하라

언젠가 기업가이면서 박애주의자인 조지 존슨과 몇 분간 이야기를 나눈 적이 있다. 그는 당시 잘 나가던 엔디코트 존슨 코퍼레이션의 회장이었다. 하지만 나에게는 그가 청중을 웃고 울리며 오랫동안 기억에 남는 연사라는 사실이 더욱 흥미로웠다.

그에게는 개인 사무실이 따로 없었다. 넓고 분주한 공장 한편을 사무실로 썼다. 그의 매너는 낡은 목제 책상만큼이나 가식이 없었다.

"마침 좋은 때 찾아오셨군요."

나를 맞으려고 자리에서 일어나며 그가 말했다.

"방금 일을 끝냈습니다. 오늘 저녁 직원들을 상대로 강연을 하는데 말미에 하고 싶은 말을 좀 적어두었죠."

"해야 할 말을 처음부터 끝까지 머릿속에 잘 정리해두면 언제나 안심이 되죠."

내가 그에게 말했다.

"난 모든 것을 정리해두지는 않습니다. 대충 무슨 얘기를 할까 생각해두고 마무리만 구체적으로 적어두죠."

그는 전문적인 연사가 아니었다. 그는 마음을 울리는 어휘라든지 멋진 문장에 관심이 없었다. 하지만 경험을 통해 성공적인 의사전달의 비밀 한 가지를 체득했다. 연설이 호감을 얻으려면 끝이 좋아야 한다는 사실이다. 청중에게 감명을 주려면 앞부분의 내용이 논리적으로 전개되어 결론에 이르러서 집약되어야 한다는 사실을 인식하고 있었다.

결론은 연설에서 전략적으로 가장 중요하다. 누군가도 말했듯이 마무리하는 말은 연설이 끝난 후에도 계속 귓전에 맴돈다. 그럴 경우 오랫동안 기억에 남는 연설이 될 가능성이 크다. 그런데 존슨 씨와 달리 초보자들은 그런 중요성을 알지 못한다. 그래서 그들의 마무리는 아쉬움을 많이 남긴다.

초보자들이 저지르는 가장 흔한 잘못이 무엇일까? 잠시 몇 가지 예방법을 찾아보고 논의해보자.

첫째, 이렇게 말하고 끝내는 사람이 있다.

"이상이 제가 그 문제에 대해 말씀드릴 수 있는 전부입니다. 이만 마치겠습니다."

이런 연사는 보통 얼렁뚱땅 "감사하다."라고 말함으로써 부족하게 이야기를 끝내는 자신의 무능함에 연막을 친다. 이것은 제대로 된 끝맺음이 아니다. 그렇게 하면 잘못이다. 아마추어의 냄새가 폴폴 난다. 변명의 여지가 없다. 해야 할 이야기가 그게 전부면 그만 끝내는 게 어떨까. 끝낸다는 말을 할 것도 없이 즉시 의자에 앉는 것이다. 당신이 하고 싶은 말이 그것뿐인가 추론하는 일은 안전하고 깔끔하게 독자의 식별에 맡겨라.

그런가 하면 할 말을 다하고 나서 어떻게 끝내야 할지 모르는 연사도 있다. 조시 빌링스(19세기 미국의 유머작가-역자주)는 소를 잡을 때 뿔 대신 꼬리를 잡으라고 조언했다. 그래야 나중에 놓기 쉽기 때문이다. 그런데 이런 연사는 소 정면에서 뿔을 잡고 끌고 가려고 한다. 하지만 아무리 애써도 소는 울타리나 나무까지 끌려가지 않는다. 그래서 결국 같은 자리를 빙빙 돌기만 하면서 한 말을 하고 또 하게 된다. 결코 좋은 인상을 남기기 어렵다.

예방법이 뭘까? 마무리를 어떻게 할 것인지 미리 계획을 세우는 것이다. 그렇지 않은가? 청중과 마주 보고 선 후에는 말을 해야 한다는 긴장과 압박감 속에서, 하려는 이야기에만 정신을 집중시켜도 모자란다. 그런데 그때 마무리를 걱정하는 게 현명한 일일까? 아니면 사전에 차분히 마무리를 생각해두는 편이 나을까?

어떻게 하면 연설의 클라이맥스에서 마무리를 지을 수 있을까? 여기 몇 가지 제안이 있다.

요점을 요약하라

연설이 길어지면 너무 많은 이야기를 다루게 되어 끝으로 가면 청중이 요점을 제대로 모르는 수가 많다. 그런데도 많은 연사들이 그런 사실을 모른다. 자신의 머릿속에는 요점이 명료하게 들어있기 때문에 청중들에도 똑같이 명료하게 전달되었을 거라고 착각한다. 절대 그렇지 않다. 연사는 한동안 연설 주제에 골몰해왔지만 청중에게는 완전히 새로운 내용이다. 그것은 청중을 향해 생소한 생각거리를 한 줌 던져주는 것과 같다. 어떤 사람은 제대로 받지만 대부분은 당황해서 몸을 피한다. 셰익스피어도 말했듯이 '듣는 사람은 많은 것을 기억해도 정확히 기억하는 것은 별로 없을' 가능성이 크다.

한 익명의 아일랜드 정치가는 연설을 배울 때 이런 방법을 지도받았다고 한다.

'무엇보다 말하고자 하는 것을 말하라. 그러고 나서 말했던 것을 다시 말해라.'

'말했던 것을 다시 말하는 것.'

이것이 흔히 권장하는 방법이다.

여기 좋은 예가 있다. 시카고 철도 회사의 역무원인 연사는 강연을 마치기 전에 이런 식으로 요약을 했다.

"여러분, 다시 말씀드리면, 우리 역 뒷마당에 차단 장치를 설치했습니다. 현재 동부, 서부, 북부에서도 시범 사용하고 있으며, 작동은 음향 작동 원리를 따릅니다. 지난 1년간 실제 사용해본 결과, 사고 방지로 인해 비용도 절감되었습니다. 따라서 우리 남부선에도 즉각 설치할 것을 강력히 분명히 권고하는 바입니다."

그가 무슨 내용을 말했는지 이해가 가는가? 아마 나머지 연설 내용을 듣지 않고도 무슨 말을 했는지 짐작이 갈 것이다. 그는 겨우 마흔 단어 밖에 안 되는 문장으로 연설의 요점을 요약했다.

그의 내용 요약이 도움이 된다고 느끼지 않는가? 그렇다면 당신도 써보라.

행동을 촉구하라

방금 인용한 연설은 행동을 촉구하는 마무리를 훌륭하게 보여준다. 연사는 뭔가 조치를 취하기를 원한다. 그의 철도 회사 남부선에도 차단 장치를 설치하라는 것이다. 그는 비용을 절감할 수 있고 사고를 예방할 수 있다는 이유로 행동을 촉구했다. 연사는 행동을 원했고 결국 목적을 이루었다. 그것은 단순히 연설 연습이 아니리 철도회사 간부들에게 하는 호소였다. 그가 요구한 차단장치는 결국 설치되었다.

어떤 확실한 조치를 요구하는 연설을 하면 행동을 주문해야 할 때가 온다. 그때는 당당히 요구해라! 청중에게 참여나 기부, 투표를 요구하거나 글을 쓰거나 전화를 걸거나 구입을 권유하라. 보이콧이나 특정한 단체에의 가입, 조사, 무죄 선고를 요구하든지 그밖에 무엇이든 요구해라. 다만 이런 점을 염두에 둬야 한다.

구체적으로 요구하라. "적십자를 도와 주세요."라고 하지 마라. 너무 평범하다. 그보다는 "오늘 저녁 여기 스미스 거리 125번지에 있는 미국 적십자사에 1달러의 가입비를 내달라."라고 하라.

청중의 능력이 미치는 한도 내에서 반응을 요구하라. "우리 데몬 럼(19세기, 20세기 미국의 금주 운동 단체가 알코올의 참상을 한눈에 보여주기 위해 만든 일종의 캐릭터-역자주)을 반대하기 위해 한 표 던집시다."라고 말하지 마라. 그건 실행 가능한 일이 아니다. 그 순간 데몬 럼에 반대하는 투표를 할 수도 없다. 그보다는 금주 협회에 가입하거나 금주를 위해 애쓰는 단체에 가입하라고 하라.

청중이 행동하기 쉬운 일을 호소하라. "당신의 지역구 의원에게 이 법안에 반대표를 던지라고 청원서를 보냅시다."라고 말하지 마라. 청중의 99퍼센트는 그러지 않을 것이다. 그들은 별 관심도 없거나, 아니면 귀찮다고 생각하거나, 아니면 잊어버릴 것이다. 쉽고 즐겁게 실천할 수 있는 방법을 제시하라. 그럼 어떻게 할까? 당신 자신이 직접 편지를 쓴다.

'여기에 서명한 사람들은 귀하가 74321번 법안에 반대표를 던질 것을 간절히 촉구합니다.'

그러고는 청원서를 볼펜과 함께 돌리는 것이다. 아마 많은 사람이 서명을 해줄 것이다. 유감스럽게도 볼펜은 행방불명이 되어버리겠지만 말이다. 명심하라. 그들이 귀찮아하지 않으면서 쉽고 즐겁게 실천할 수 있는 방법을 제시하라.

배운 것을 적용하기

우리 강좌의 열네 번째 강의 시간이 되면 수강생들이 이 책에 나온 기법들을 일상생활에서 어떻게 이용하는지 발표하게 되어 있다. 나는 그들의 이야기를 종종 흐뭇한 마음으로 듣는다. 세일즈맨은 판매실적을 올리고 관리자는 승진을 하며 임원은 조직 장악력이 넓어졌다는 이야기들을 한다. 모두 효과적인 화술이라는 도구를 능숙하게 이용해 지시를 내리고 문제를 해결한 덕분이다.

리처드 딜러가 〈투데이스 스피치〉라는 잡지에 이런 글을 썼다.

'말, 여러 종류의 말, 많은 양의 말, 말할 때의 분위기……. 이런 것들은 모두 기업 내 커뮤니케이션 시스템을 돌아가게 하는 혈액과 같은 역할을 한다.'

제너럴 모터스 사의 데일 카네기 코스에서 효과적인 리더십 강좌를 맡고 있는 프레드 캐너데이는 같은 잡지에 이렇게 썼다.

'제너럴 모터스 사 직원인 우리가 스피치 트레이닝에 관심을 갖는 근본적인 이유는 모든 부서장이 크든 작든 교사 역할을 해야 한다는 사실을 인식하고 있기 때문이다. 부서장은 구직자를 면접할 때부터 신입 사원에 대한 오리엔테이션, 정기적인 부서 배치를 결정하고 승진을 심사하는 과정에서 부서 직원들에게 끊임없이 설명하고 의사를 표현하고 질책하고 정보를 알리고 지시하고 검토하고 수많은 주제를 두고 회의를 한다.'

구두로 하는 커뮤니케이션의 사다리를 한 칸 한 칸 올라가다 대중 연설과 가장 근접한 분야-토론이라든지 의사 결정, 문제 해결, 정책을 수립하는 회의-에 이르면 우리는 또다시 이 책에서 배운 효과적인 연설 기법을 어떻게 일상적인 말하기에 접목할 수 있는지 알게 된다. 여러 사람 앞에서 효과적으로 말하는 방법은 회의에 참석하고 회의에서 주도적인 역할을 할 때에도 곧장 적용될 수 있다.

발표할 아이디어를 정리하고, 적절한 단어를 선택하고, 열정과 성실로 전달하는 일은 내 아이디어가 문제 해결의 마지막 단계까지 살아남게 하는 데 필수적이다. 이제 독자들에게도 이 책에서 배운 내용을 그가 참여하는 회의마다 적용시키는 일만 남았다.

아마도 당신은 지금까지 이 책을 통틀어 배운 내용을 언제부터 적용시켜야 할지 궁금할 것이다. 내가 이렇게 말하면 놀라겠지만 '지금 당장'이라고 대답하고 싶다.

설령 당분간 사람들 앞에서 이야기할 계획이 없다고 해도, 이 책에 나오는 기법과 원칙들을 얼마든지 일상생활에서도 쓸 수 있다. 내가 이 책의 기법들을 '지금 당장' 써보라고 했을 때 그 말은 당신 스스로 '지금 쓸 때다'라고 깨닫는 가장 가까운 미래를 의미한다.

당신이 매일 하는 말하기를 분석해보면 일상적인 말하기의 목적과 지금까지 논의한 일종의 공식적인 의사 전달의 목적이 얼마나 비슷한지 놀랄 것이다.

앞에서는 사람들 앞에서 말을 할 때 말하기의 일반적인 네 가지 목적을 명심하라고 했다. 즉, 청중에게 정보를 전달하는 목적일 수도 있고, 즐거움을 주기 위한 말하기일 수도 있다. 또 내 주장이 옳다는 믿음을 주려는 목적일 수도 있고, 어떤 행동을 하도록 설득하기 위한 목적일 때도 있다. 대중 연설을 할 때는 연설의 내용뿐만 아니라 태도로도 이런 목적을 분명히 드러내야 한다.

일상적인 말하기를 할 때는 목적이 유동적이고 여러 가지가 혼재되기도 하며 하루 동안 끊임없이 변하기도 한다. 이를테면 친구와 수다를 떠느라 정신이 팔렸다가 갑자기 물건을 팔려고 고객한테 설명을 할 수도 있고, 아이에게 은행에 저금하게 하려고 설득하기도 한다. 이런 일상적인 대화에도 이 책에 나와 있는 화술 기법을 적용하면 더욱 유능해지고 생각을 효율적으로 전달할 수 있으며 타인을 내 뜻대로 움직일 수 있다.

첫째, 일상적인 대화에서도 구체적인 디테일을 살려라

예를 들면, 이런 기법을 사용하라. 4장에서 이야기를 할 때 세부적인 묘사를 넣으라고 했던 말을 기억하는가. 그런 식으로 하면 당신의 아이디어는 눈에 보이는 듯 생생하게 살아난다. 물론 앞에서는 대중 앞에서 말을 하는 경우를 위주로 설명했다. 하지만 일상적인 대화에서도 세부적으로 묘사하는 게 중요하지 않을까? 잠깐, 당신이 아는 사람들 중에 이야기를 재미있게 하는 사람들을 떠올려보라. 그들은 이야기를 할 때 다채롭고 극적인 디테일을 쓰지 않는가? 눈에 보이는 것처럼 생생하게 말하지 않는가?

그런데 대화 기술을 개발하기 전에 자신감을 갖는 것이 더 중요하다. 그래서 이 책의 초반부에서는 남과 어울리고 공적인 모임에서 안정감을 갖고 자신의 의견을 말하는 데 도움이 될 만한 조언을 담았다. 한정된 범위나마 자기 생각을 표현하고 싶어지면, 그다음에는 이야기 소재로 삼을 만한 자신의 경험을 뒤적이기 시작한다. 그때 놀라운 일이 일어난다. 사고의 지평이 점차 넓어지고 자신도 모르게 인생이 새로운 의미로 다가오는 것이다.

관심사가 제한되기 쉬운 가정주부들은 작은 수다 모임에서 말하기 기법을 적용해 본 경험담을 열심히 보고한다.

"새로 발견한 자신감 덕분에 용기를 얻어 사교 클럽에서도 의견을 말할 수 있게 되었어요." 신시내티의 하트 부인은 같은 강좌의 수강생에게 이렇게 털어놓았다.

"게다가 시사 문제에도 관심을 갖게 되었죠. 이제는 사람들과 이야기를 주고받을 때 위축되지 않고 진심으로 즐겨요. 그뿐만이 아니에요. 내가 하는 모든 일이 대화의 소재가 되었어요. 나도 모르게 새로운 활동에 관심을 갖고 적극적으로 참여하게 되었어요."

우리 강사에게 하트 부인의 흐뭇한 이야기는 전혀 새로울 게 없다. 일단 배우고, 배운 것을 활용하려는 욕구가 자극을 받으면 행동과 상호작용의 일련의 변화가 시작되고 이는 성격 전반에 걸쳐 활기를 준다. 이런 성취의 사이클이 확립되고, 하트 부인처럼 성취감을 느끼게 되면 이 책에서 배운 한 가지 원칙이라도 늘 생활 속에서 실천하게 된다.

우리 중에 교사는 많지 않더라도 누구나 하루를 지내는 동안 남에게 정보를 제공하기 위해 말을 한다. 부모로서 자녀를 가르칠 때, 이웃에게 새로운 장미 가지치기 방법을 설명해줄 때, 여행객에게 길 안내를 해줄 때 우리는 명료하고 논리적이며 활기차고 생생하게 표현해야 하는 말하기 상황에 처한다. 8장 정보를 전달하는 연설과 관련해서 내가 말한 내용은 그런 상황에 적용할 수 있다.

둘째, 직장에서 효과적인 말하기 기법을 이용하라

이제는 의사전달 과정이 직업에 영향을 끼치는 영역으로 들어가 보자. 영업사원이나 관리자, 사무원, 백화점 관리직, 그룹 리더, 교사, 목사, 간호사, 기업체 임원, 의사, 변호사, 회계사, 엔지니어 등은 전문화된 지식을 설명하고 전문적인 지시를 내리는 권한을 갖고 있다. 이때 명료하고 간결한 단어로 지시를 내리는 능력은 종종 상사로부터 능력을 평가받는 잣대가 된다. 신속하게 판단하고 그것을 능숙하게 말로 표현하는 능력은 정보를 제공하는 말하기에 요구되는 덕목이지만 비단 공적인 연설에만 해당되지 않는다. 누구든 일상적으로 사용할 수 있다. 오늘날 비즈니스나 직무와 관련된 말하기에서 명료한 표현을 강조하는 현상은 최근 기업체나 정부기관, 전문적인 조직에 구두 커뮤니케이션 훈련 코스가 많이 개설되는 것만 봐도 알 수 있다.

셋째, 대중 앞에서 말할 기회를 찾아라

일상적인 말하기에 이 책에 나와 있는 원칙을 이용하는 것도 중요하지만 부수적으로 실력을 쌓으려면 대중 앞에서 말하는 기회가 많아야 한다. 그런데 어떻게 기회를 찾을까? 대중 연설을 자주 하는 클럽에 가입하는 방법이 있다. 비활동적인 회원, 단순한 방관자가 되어서는 안 된다. 클럽의 위원회 활동을 열심히 하라. 이런 일은 대부분 지원자가 부족하다. 프로그램의 사회자가 되어 보라. 그러면 지역 사회의 훌륭한 연사를 인터뷰할 기회도 얻을 수 있고, 소개의 말을 부탁받는 경우도 생기게 될 것이다.

가능하면 빨리 20분에서 30분짜리 연설도 준비해보라. 이 책에 나온 제안을 지침으로 삼아라. 당신의 클럽이나 단체에 당신이 연설을 준비하고 있다는 사실을 알려라. 당신이 사는 지역의 연사 사무실에 가서 봉사를 하라. 기금 모금 캠페인은 자신들을 위해 지지연설을 해줄 자원봉사자를 찾고 있다. 아마 당신이 연설을 준비하는 데 도움이 될 만한 자료도 제공해줄 것이다. 많은 유명한 연사들이 이런 식으로 출발했다. 그중에는 탁월한 실력을 발휘하는 경우도 있다.

예를 들어, 라디오와 TV 스타이며 강연을 하는 샘 레븐슨을 보자. 그는 전국에서 연설 요청이 쇄도하는 명강사다. 원래는 뉴욕의 고등학교 교사였는데, 부업으로 삼아 자신이 가장 잘 아는 분야 즉, 가족이라든지 친척, 제자, 그리고 자기 직업의 특수성에 관해 짤막한 연설을 하기 시작했다. 그의 연설은 열광적인 사랑을 받았다. 그는 머지않아 여러 단체에서 연설 요청을 받았고 점차 교사 일에 지장을 받을 정도가 되었다. 그즈음 그는 프로그램에 게스트로 출연하기 시작했고 나중에는 재능을 살려 엔터테인먼트의 세계로 전직을 했다.

넷째, 끈기를 가져야 한다

프랑스어든 골프든, 대중 연설이든, 뭐든 새로운 것을 배울 때 절대 생각만큼 꾸준히 나아지지 않는다. 아무리 느린 속도라도 계속 좋아지지는 않는다. 파도처럼, 어느 날 불쑥 좋아졌다 갑자기 잠잠해진다. 그러고는 한동안 정체 상태로 있거나 심지어 후퇴해서 그전까지 쌓았던 기반이 무너지기도 한다. 이런 정체 또는 퇴보의 시기는 심리학자들에게 잘 알려진 현상인데, 전문 용어로 '학습 곡선의 고원기'라고 한다. 효과적인 말하기를 배우는 수강생들도 이따금 징체기를 맞는데, 보통 이런 고원기가 몇 주일 정도 간다. 이때는 아무리 노력해도 고원기를 벗어나기 힘들다. 그러면 의기소침해진 사람들은 좌절하고 포기한다. 하지만 마음을 느긋하게 먹고 끈기 있게 노력하면 어느 날 갑자기, 심지어 하룻밤 사이에도 언제 그랬냐는 듯 엄청나게 실력이 늘었음을 깨닫게 된다. 고원부에서 갑자기 날아오르는 헬리콥터처럼 말이다. 연설이나 말을 하는 데 있어 갑자기 자연스러움과 힘과 자신감이 붙는다.

이 책 어디에선가 말했듯, 청중 앞에 서면 처음 잠깐은 공포감과 충격, 긴장과 초조의 순간을 겪는다. 심지어 위대한 음악가도 수많은 관객 앞에 서면 이런 경험을 한다. 파데레프스키는 피아노 앞에 앉기 전에 커프스 단추를 초조하게 만지작거리는 버릇이 있었다. 그러나 일단 연주를 시작하면 청중에 대한 두려움이 8월의 햇살에 이슬 걷히듯 사라져버렸다.

당신도 똑같은 경험을 하게 될 것이다. 하지만 끈기를 갖고 계속하다 보면 머지않아 처음 말을 시작할 때의 공포감을 비롯해 모든 두려움을 극복할 수 있을 것이다. 게다가 그 두려움은 처음 시작할 때뿐이며, 그 이상도, 이하도 아니라는 점을 알게 된다. 몇 마디만 하고 나면 자신을 조절할 수 있게 되고, 그리하여 희열감마저 느끼며 연설을 계속할 것이다.

한 청년이 법을 공부하겠다고 마음먹고 링컨에게 조언을 구하는 편지를 썼다. 링컨이 답장했다.

'자네가 변호사로 성공하겠다고 굳게 결심했으면 이미 절반 넘게 목적을 이룬 것이나 다름없네. 성공하겠다는 결심이야말로 다른 무엇보다 중요하다는 점을 명심하게.'

링컨은 알고 있었다. 자신도 그런 과정을 거쳤던 것이다. 그는 전 생애를 통해 학교 교육을 받은 시기가 1년도 안 되었다. 그렇다면 책은 어떻게 읽었을까? 링컨은 언젠가 털어놓기를 집에서 30킬로미터나 떨어진 곳까지 걸어가서 책을 빌려왔다고 한다. 보통 오두막에 밤 새 통나무 장작불을 피워두었는데 가끔 그 불빛에 비춰 책을 읽을 때도 있었다. 그리고 오두막의 통나무 벽 사이에 난 틈에 책을 끼워두었다. 아침이 되어 책을 읽을 수 있을 만큼 빛이 들어오면 링컨은 나뭇잎으로 만든 침대에서 기어 나와 눈을 비비고 책을 꺼내 읽기 시작했다.

그는 남의 연설을 듣기 위해 30~40킬로미터 떨어진 곳까지 걸어갔고, 돌아오는 길에 아무 데서나 연설을 연습했다. 풀밭이든 숲이든, 사람들이 모인 젠트리빌의 존스 식품점 앞이든 가리지 않았다. 또한 뉴세일럼과 스프링필드의 문학 클럽, 토론 클럽에도 가입해서 그날의 주제를 가지고 연설 연습을 했다. 링컨은 여자들 앞에서 수줍음을 많이 탔다. 메리 토드와 연애하던 시절에는 수줍어서 아무 말도 못 하고 그녀가 이야기를 할 때 옆에 앉아 듣기만 했다. 하지만 성실하게 연습하고 독학을 한 그 남자는 당시 최고의 웅변가로 불리던 더글러스 의원과 토론을 하는 연사로까지 발전했다. 그리고 게티즈버그와 두 번째 대통령 취임 연설에서 인류 역사상 누구도 오르지 못한 웅변가의 최고 반열에 올랐다.

과거 초라했던 형편과 눈물겨운 노력을 생각해보면 링컨이 그런 편지를 쓴 사실이 놀랍지 않을 것이다.

'자네가 변호사로 성공하겠다고 굳게 결심했으면 이미 절반 넘게 목적을 이룬 것이나 다름없네.'

백악관의 대통령 집무실에는 역대 대통령의 초상화와 함께 에이브러험 링컨의 멋진 초상화가 걸려 있다. 시어도어 루스벨트는 이렇게 말했다.

"나는 어떤 일을 결심해야 할 때라든지 처리하기 어려운 어떤 문제에 직면했을 때, 또는 권리와 이해관계가 충돌하는 상황에 처했을 때 링컨의 초상화를 올려다봤다. 그리고 그가 내 입장이라면 어땠을까 상상하고, 똑같은 상황이라면 어떻게 행동했을까 헤아려보려고 노력했다. 이상하게 들릴지 모르지만 솔직히 그러는 것만으로도 문제가 쉽게 해결되는 것처럼 느껴졌다."

루스벨트처럼 해보면 어떨까? 혹시 의기소침해서 더 유능한 연사가 되려는 노력을 포기하고 싶어질 때 링컨이라면 어떻게 했을까? 스스로 물어보는 것이다. 당신은 링컨이 어떻게 할지 짐작이 갈 것이다. 그가 어떻게 했는지 알고 있기 때문이다. 미국 상원의원 선거에서 스티븐 더글러스 후보에게 패배했을 때 링컨은 동지들에게 이렇게 질책했다.

"한 번을 졌건 백 번을 졌건 포기해서는 안 됩니다."

다섯째, 앞에 놓인 보상을 확신하라

윌리엄 제임스의 말을 암기할 수 있을 때까지 매일 아침 식탁에서 이 책을 펼쳐 들면 얼마나 좋을까.

'어떤 분야가 됐든 젊은이가 자기가 받은 교육의 결과에 조금도 불안함을 느끼지 않게 하라. 평일에 매시간마다 열심히 바쁘게 지내면 최후의 결과에 대해서는 안심하고 그대로 맡겨버릴 수 있어야 한다. 어느 날 아침, 잠에서 깨어났을 때 자기가 노력해온 분야에서 동시대 사람들보다 유능한 사람이 되어 있을 거라는 확신을 할 수 있어야 한다.'

그리고 지금 나는 저명한 제임스 교수의 말을 빌려 이렇게 말하고 싶다. 당신도 현명하게 열심히 노력하면 어느 날 아침 눈을 떴을 때 자신이 사는 지역 혹은 커뮤니티에서 유능한 연사가 되어 있는 자신을 발견하게 될 거라고 말이다.

지금 당신에게는 환상적인 말처럼 들릴지 모르지만 이것은 보편적인 진리이다. 물론 예외도 있다. 정신력과 인성이 열등한 사람, 아무것에 대해서도 할 말이 없는 사람은 그 지역의 대니얼 웹스터(미국의 정치가 겸 웅변가-역자주)가 될 수 없다. 하지만 상식의 범위에서 벗어나지 않는다면 내 말이 맞다.

예를 하나 들어보겠다. 전직 뉴저지 주 지사였던 스톡스가 트렌턴에 있는 우리 강좌의 수료식 참석했다. 그는 그날 저녁 자신이 들은 연설이 워싱턴의 양원 회의에서 들은 어느 연설 못지않게 훌륭했다고 평을 내렸다. 그 연설의 주인공은 몇 개월 전까지만 해도 무대 공포증으로 청중 앞에 서기만 하면 혀가 굳었던 직장인들이었다. 그들은 가능성이 엿보이는 키케로가 아니라 뉴저지 주의 직장인들이었다. 미국의 여느 도시에서 볼 수 있는 전형적인 직장인들 말이다. 그런 그들이 어느 날 아침 눈을 떠보니 자기가 사는 도시에서, 어쩌면 미국 전체에서 손꼽히는 연사가 되어 있었다.

나는 자신감을 키우고 대중 앞에서 연설하는 능력을 기르려고 노력하는 사람들을 숱하게 보았고 잘 알고 있다. 성공한 사람들 중에 남달리 뛰어난 재능의 소유자였던 경우는 별로 없었다. 대개는 우리가 주위에서 흔히 보는 평범한 직장인들이었다. 하지만 그들은 끈질기게 노력했다. 반면에 재주는 더욱 특출했지만 중간에 좌절하거나 돈벌이에 정신이 팔린 사람들은 그렇게 멀리까지 가지 못했다. 오히려 끈기와 목표 의식이 투철한 평범한 사람들이 정상의 자리에 올랐다.

그것이 인생의 진리이고 자연스러운 현상이다. 사업이나 직장생활에서도 똑같은 경우를 보지 않는가? 존 록펠러 경은 사업에서 성공하기 위한 필수 덕목은 끈기와 '열심히 노력하면 보답을 받는다'는 사실을 잊지 않는 것이라고 말했다. 유능한 연사로 성공하기 위해서도 마찬가지다.

몇 해 전 여름, 나는 와일더 카이저라고 불리는 오스트리아의 알프스산 정상에 올랐다. 베데커(독일의 출판사로 세계 여행 안내서 사업의 선구자. 베데커라면 흔히 여행안내서를 가리킴-역자주)에 따르면 길이 험해서 초보 등산가에게는 안내인이 필수라고 하는 코스였다. 하지만 틀림없는 초보자인 나와 내 친구는 안내인을 고용하지 않았다. 주변 사람들은 우리에게 정상까지 올라갈 자신이 있느냐고 물었다. 우리는 대답했다.

"물론이죠."

"어째서 그렇게 생각하죠?"

그들이 물었다.

"안내인 없이 정복한 사람이 있기 때문이죠."

내가 말했다.

"그래서 상식에서 벗어나지 않은 이상 나도 할 수 있다고 생각하는 겁니다. 난 어떤 일이든 한 번도 실패할 거로 생각한 적이 없습니다."

연설이든 에베레스트 산 정복이든 아니면 다른 무슨 일이든 이런 생각을 가지는 것이 옳다.

성공의 여부는 연설을 하기에 앞서 어떤 생각을 하느냐에 달려 있다. 자신을 완벽하게 통제하고 사람들 앞에서 이야기를 하는 자신의 모습을 상상해보라. 당신의 능력으로 얼마든지 할 수 있다. 성공할 거라고 믿어라. 확고하게 믿어라. 그러면 성공에 필수적인 것들을 하게 될 것이다.

남북전쟁 당시 듀폰 제독은 찰스턴 항구에 포함을 진입시키지 못한 이유를 대여섯 가지 늘어놓았다. 그 이야기를 듣고 난 패러거트 제독이 가만히 물었다.

"그런데 아직 말하지 않은 이유가 있는 것 같군요."

그가 말했다.

"그게 무슨 말이요?"

듀폰 장군이 물었다.

"당신은 자신이 할 수 있다고 믿지 않았소."

수강생들이 우리 강좌에서 배우는 가장 귀한 교훈은 자기 확신, 성취할 수 있다는 자신의 능력에 대한 확신이다. 사람이 무언가를 성취하는 데 이보다 중요한 게 또 있을까?

에머슨은 이렇게 말했다.

"열정 없이 위대한 일을 성취한 예는 없다."

이 말은 근사한 문학적 수사 그 이상이다. 한 마디로 성공에 이르는 로드맵이다.

윌리엄 라이언 펠프스는 역대 예일 대학 교수 중에서 가장 사랑받고 인기 있는 교수였다. 그는 저서 《가르치는 일에 대한 설렘The Excitement of Teaching》에서 이렇게 말했다.

'나에게 제자를 가르치는 일은 기술이나 직업 이상이다. 그것은 열정이다. 화가가 그림 그리기를 좋아하고 가수가 노래 부르기를 좋아하고, 시인이 글쓰기를 좋아하는 것처럼 나는 가르치는 일을 좋아한다. 아침에 침대에서 나오기 전에 나는 학생들을 생각하며 벅찬 기쁨을 느낀다.'

자기 앞에 놓인 일에 설렐 정도로 자기 직업에 대한 열정으로 가득한 교사가 성공했다는 사실이 이상한 일일까? 빌리 펠프스는 학생들에게 큰 영향을 주려고 노력했다. 그는 사랑과 설렘과 열정에 이끌려서 학생들을 지도했다.

만약 당신이 효과적인 말하기 방법을 배우는 데 열정을 바친다면 앞길을 가로막고 있는 장애물은 사라질 것이다. 이 일은 동시대인들과 효과적인 커뮤니케이션을 하겠다는 목표를 위해 모든 능력과 소질을 쏟아 붓는 일종의 도전이다. 자신감과 자기 확신, 자신을 다스릴 수 있다는 평정심, 사람들의 주목을 끌어 그들의 마음을 뒤흔들며 그들을 설득해서 행동하게 할 수 있다는 신념을 가져라. 자기 표현을 잘할 수 있다는 자신감이 생기면 다른 일도 잘하게 된다. 왜냐하면 말을 효과적으로 한다는 것은 직업과 일상생활 모두에서 자신감을 얻는 왕도이기 때문이다.

데일 카네기 코스를 지도하는 강사들의 매뉴얼에는 이런 글귀가 적혀 있다.

'수강생들이 청중의 주목을 끌게 되고 강사로부터 칭찬을 받으면 그전까지 경험하지 못한 내적인 힘과 용기, 평정심을 갖게 된다. 그러면 어떤 결과가 생길까? 그들은 꿈도 꾸지 못했던 일을 시도하고 성취하게 된다. 스스로 대중 앞에 서서 말을 하고 싶어 하는 자신의 변화를 깨닫는다. 그리하여 비즈니스나 자신의 업종 또 지역 사회 활동에서 적극적인 역할을 하게 되고 나중에는 지도자가 된다.'

'리더십'이라는 단어는 이 장 전에서도 자주 언급했다. 명료하고 단호하고 감명을 주는 표현력은 우리 사회 리더십의 기준이다. 이런 표현력은 사적인 대화부터 공적인 연설에 이르기까지 지도자가 하는 모든 말을 지배한다. 아마도 이 책에 나온 내용들을 제대로만 적용한다면 가정이든 종교 모임, 시민 단체, 정부기관에서도 리더십을 기르는 데 도움이 될 것이다.

데일 카네기 성공대화론

초판 1쇄 발행 2021년 11월 5일
초판 3쇄 발행 2024년 11월 29일

지은이 | 데일 카네기
옮긴이 | 이은정
펴낸이 | 박수길
펴낸곳 | (주)도서출판 미래지식
디자인 | 디자인붐

주소 | 경기도 고양시 덕양구 통일로 140 삼송테크노밸리 A동 3층 333호
전화 | 02)389-0152
팩스 | 02)389-0156
홈페이지 | www.miraejisig.co.kr
전자우편 | miraejisig@naver.com
등록번호 | 제 2018-000205호

ISBN 979-11-91349-19-1 04320
ISBN 979-11-91349-16-0 (세트)